沈繼周回憶錄

沈繼周 著

沈潔
趙軍 編輯

傳記叢刊

文史哲出版社印行

國家圖書館出版品預行編目資料

沈繼周回憶錄 / 沈繼周著, 沈潔,趙軍編輯--
初版.--臺北市：文史哲, 民 105.10
頁；　公分（傳記叢刊；20）
ISBN 978-986-314-332-1（平裝）

1. 沈繼周 2. 回憶錄

782.887　　　　105018018

傳記叢刊 20

沈繼周回憶錄

著　者：沈繼周
編輯者：沈潔・趙軍
出版者：文史哲出版社
http:// www.lapen.com.tw
e-mail：lapen@ms74.hinet.net
登記證字號：行政院新聞局版臺業字五三三七號
發行人：彭正雄
發行所：文史哲出版社
印刷者：文史哲出版社
臺北市羅斯福路一段七十二巷四號
郵政劃撥帳號：一六一八〇一七五
電話886-2-23511028・傳真886-2-23965656
定價新臺幣五〇〇元
2016年（民國一〇五）十月初版

ISBN 978-986-314-332-1　　78820

沈繼周 21 歲進入黃埔軍校時登記照片
別號：步峰　部別：炮兵隊　期別：012
來自浙江檔案館黃埔同學錄

晚年生活

與郭寄嶠先生題詩的合影。1993 年 4 月 13 日攝於開封“翰園碑林”。詩乃郭寄嶠先生當年親自為沈繼周先生所題寫：“無情忘歲月，有味樂詩書”。另，題詩原件的左上角本來有：“繼周賢隸”等字樣，收入翰園碑林時刪節。

沈繼周先生與妻子沈啟芝女士（1981 年）

沈繼周先生與妻子沈啟芝女士和他們的子女攝於 1957 年
後排由左至右：長子聰聰、長女玲玲
前排子女由左至右：二女莉莉、三女明明

與黃埔同學在一起（背後注有：繼周學長　1997 年 11 月 8 日上長城，弟錫珍 1997 年 11 月，北京）

與黃埔同學在一起（1997 年 12 月 21 日北京前門飯店，後列正中為沈繼周）

上圖：與黃埔同學在一起（1997年12月21日，北京，前門飯店。後列左起第二人為沈繼周）

左圖：與陳心胤的合影（1997年12月，北京）

左圖：與馬紹武同學合影（背後注有：1992年1月）
下圖：1994年6月16日在開封市黃埔軍校七十校慶會議上（從左到右：賈主席、謝部長、胡主委、沈繼周）

沈繼周與趙立民(攝影年代不可考)

沈繼周與陳百融(攝影年代不可考)

1985年8月赴武漢參加“紀念惲代英誕辰九十週年學術討論會”之際與四姐沈葆英(惲代英遺孀,右三)、惲代英之子惲希仲（右四）等在武昌黃鶴樓攝影留念

1985年8月赴武漢參加“紀念惲代英誕辰九十週年學術討論會”之際與四姐沈葆英(右一)、惲代英之子惲希仲(右二)以及本書編者沈潔(左二)、趙軍(左一)夫婦在武昌黃鶴樓攝影留念。

沈继周　江苏吴县人，1916年5月生。南京本校12期炮科毕业。曾任排、连、营、团长、参谋、科长等职。49年新都起义，加入解放军，任川北军区司令部参议，转业后任开封市高中物理教师，教研组长，市黄河电器厂厂长，中山业余学校校长，直到93年初。中间曾任区、市政协委员，特邀市政协委员至今。

通讯地址：475002开封市曹门关21中校长

左起大女儿沈致敏（开封小学教师）；沈继周本人；儿子沈致行（开封市清明上河园艺术总监）；二女儿沈莹（开封电视集团公司行政干部）。小女儿沈洁（博士学位，日本女子大学教授，未摄入）。

「黃埔老人詩書畫集」（夕陽紅詩畫藝叢黃埔老人詩書畫集編委會編，中國戲劇出版社 2001 年）中介紹沈繼周的內容（見該書 105 頁）

题同学沈继周近照

谁主浮沉四十年，是非功过任他言。
春秋易老双鬓白，子女成龙蔗境甜。
芳草萋萋拂足下，鲜花朵朵簇君前。
丰姿不减当年样，瞩目晚霞燃满天。

照片背景确寓新意，回忆当年君似志飞客，今日仍倚佳神采，晚景堪羡，应为之贺。
并祝新春阖家安乐

愚兄绍彪上启
88.2.28

同學俞紹彪題寫的《題沈繼周同學近照》詩一首

出版序言

一蓑煙雨任平生

三女　沈潔
日本女子大學教授　社會福利學博士

家父沈繼周親筆記錄下來的回憶錄，在他過世 12 年之後，能夠在台灣出版，我想，他天國有知，一定會深感欣慰。因為台灣有諸多他風華正茂黃埔軍校時期的同窗，在黃埔軍校時期結下的同窗情意和渡過的青春年華，是他一生中視為最珍貴的精神財富。家父在他晚年，適逢中國經濟改革開放，冰凍多年的兩岸關係開始一點點融化。他對兩岸關係的解凍特別關注，把報紙上有關兩岸關係的報道都剪貼起來，將零零星星的報道相互對照，希望能夠從中獲得更準確、更全面的有關台灣的信息。每當看到有關黃埔軍校同期學友的報道，就顯得特別興奮和高興。他退休之後，把主要精力放在創辦開封中山業餘學校和促進兩岸關係正常化的社會活動上，他是從心底希望兩岸关系冬去春又來。他終生的遺憾是沒有能夠和在台灣的黃埔軍校學友執杯把盞，暢敘當年。

1990 年代中期，因我在日本的大學任教，可以比較自由地出入台灣，曾借到中央研究院訪學之機會，替代家父到台灣尋親，向黃埔軍校同期的學友帶去他的問候。大概是 1996 年，台灣中將砲兵總司令周士富世伯攜家眷專程來中央研究院學術活動中心住處來看我。周士富世伯見到我，拉著我的手不放，一口一個賢侄地稱呼我。其實我們是第一次見面，而周士富世伯卻把我當成已經很熟知的親朋一樣。此時，我才開始理解黃埔軍校學友之間結成的紐帶，不同於一般的交友。家父向我談及在台灣的同窗還有郝柏村世伯、張國英世伯、于豪章世伯、王守愚世伯等。由於難以與他們取得聯繫、未能夠替父親一一拜訪，留下遺憾。

家父在大陸歷經種種政治運動。幾乎每逢政治運動，都被當作批鬥的對象，成為政治運動的犧牲品。因為他是國民黨的軍人，周圍的人都不敢和他有更多的交往，怕受到株連，而他又潔身自好，不願逢迎，始終都很孤獨。他特別看重軍校學友之間的情意，與其長期處於孤獨處境不無關連。

這兩冊手跡回憶錄是他晚年賦閒在家，把每日寫幾百字作為日課，一字一字記錄下來的。雖然已經進入杖朝之年，但是字跡龍蛇飛動，筆力勁健，又一絲不苟，一氣呵成，極少修改。從中可以看到他堅毅的性格和豁達的心態。

家父的回憶錄是他生前交於我們夫婦手裡的。他說，過去沒有給你們講過家裡的事情和我的經歷，是怕給你們添麻煩。不過現在環境寬鬆了，也不會給你們帶來負面的影響了，所以寫了一些回憶，希望你們知道真實的情況。家父是想讓留下一個真實的家庭履歷，一個真實的他。這是因為自 1953 年以後，他始終是被作為無產階級政權的專政對象，被壓在社會的下層。他有很多頂帽子，“國民黨的殘餘”、“歷史反革命分子”、“右派”等等。這些壓在他頭頂上的帽子，一直到了他的晚年，極左思潮得以清算，才獲得一定的解脫。

因為我出生之前，家父已經被當時的中國社會邊緣化了，而我從幼兒開始接受的是“沒有共產黨，就沒有新中國”，“誰反對共產黨，誰就是我們的敵人”的愚民教育。這使我從小就對家父有很強的叛逆心理，真得就認為他就是新中國的敵人。我的言語舉動大概特別令家父傷心，一直到我大學畢業之後，有了獨自的思維判斷能力，才意識到這種愚民教育多麼可怕。家父留下自己的回憶錄，大概也是希望讓子女和後人了解一個沒有被政治色彩塗抹過的清白的自己，他是在用自己的方式，告誡後人不要再有政治迫害。

我們希望能有更多的人用同樣的心態和眼光來再一次解讀父輩們的心境，所以和家兄商議，把本應該作為家藏秘史的回憶錄，以半公開的形式出版，呈現給與家父有過交往的親朋好友們，還原一個愛家人、重友情、愛民族的家父形象。

回憶錄由三部分構成。第一部是家父本人回憶錄手跡的影印版，前半部真實地記述了他的身世，從戎報國，黃埔軍校的生活與交友以及經歷過的戰事。史實真實，有趣，有較高的史料價值。家父出身富貴之家，其姐夫惲代英曾參與早期黃埔軍校辦學，兄弟姐妹都受惲代英影響，參加早期的中國革命運動。在黃埔軍校學習期間，和原台灣行政院院長郝柏村世伯同期，同屬砲科。軍校畢業之後，追隨郭寄嶠先生，曾與郝柏村先生在同一部隊共事。後半部記錄了 1951 年被人民解放軍收編，到他去世之前的 2004 年，他在大陸經歷過的政治運動與坎坷人生。字裡行間可以窺見一個志存高遠的黃埔軍校 12 期生，面對人生的風風雨雨堅守人生信念，不畏坎坷的超然情懷。

第二部分是家兄沈致行代表我們子女撰寫的“我的父親和母親”。我們兄弟姐妹四人，長女沈致敏，現年 76 歲，為退休教師。長子沈致行，現年 72 歲，為演藝界人士。二女沈螢，現年 64 歲，為退休職工。三女沈潔，現年 61 歲，為日本女子大學的教授。家兄文中談到，父母高潔的品格，是留給我們最大的財富。我們子女四人，遵循清清白白做人，認認真真做事的家訓，生活充實，事業有成。

第三部分是我的先生趙軍，根據家父回憶錄整理的年表和史實補遺。趙軍是大陸第一位被授予中國近現代史方向歷史學博士學位的學者。家父在世時，常常和趙軍一起討論歷史上的一些戰役，趙軍也不斷催促家父把自己的個人經歷寫出來，填補歷史史料的不足。第三部分的年表應該具有史學價值。

最後，還要特別感謝中央研究院近代史研究所朱浤源教授、文史哲出版社彭正雄社長為本書的問世所提供的大力幫助。正是朱教授的提議和彭社長的概然允諾，才使本書的出版得以實現，也使身為晚輩的我們，得以幫助家父了卻可能是他晚年最大的一個願望。特此深致謝意！

追 敘

二〇一六年三月四日，經學友周玉山考試院委員相助聯絡，有幸拜見時齡九十七歲的郝伯村世伯。之前，家父多次談起郝伯村世伯，我本人也閱讀到不少有關郝伯村世伯的記事以及由他本人撰寫的《郝伯村解讀　蔣公八年抗戰日記》上下卷，聽到有關他的傳說，我的印象中，他是一位傳奇人物。

見面安排在他的私人辦公室。他談吐風趣，思維敏捷，雖然初次見面，但感受到了父輩般的溫和慈祥。他談及在黃埔軍校與家父在一起時的記憶，談到當時的家父頑皮、幽默，常常引逗得大家哈哈大笑。這與我兒時印象中的如牛負重的家父形象截然不同，讓我第一次知道了家父在風華正茂時期的另一面，也再次感受到家父後半生的心痛和艱辛。

我向郝伯村世伯簡述了家父生前對黃埔十二期同學的情懷以及我們一家生活情況。雖然這一場面姍姍來遲，但慶幸還為時不晚。見面後，蒙郝伯村世伯盛情相邀在鼎泰豐共進午餐，他的兩個可愛的孫子陪同，一片融融氛圍，再次讓我感受到了來自父輩們的溫暖。

沈潔　二〇一六年六月吉日（家父百歲壽誕）

左起：沈潔、郝柏村上將、趙軍合影於 2016 年 3 月 4 日

沈繼周回憶錄

目　　次

沈繼周回憶手跡

人老了，精力衰退，想做点什么，常感脑力迟钝、记忆锐减，力不从心。但是心情又常感到空虚，如不找点事能消遣的脑筋，又觉孤独飘零，生活乏味。找点事来做吧，又常常力不从心。消极与积极的两种思想常在自我斗争中。由于几十年生活经历和一贯的思想方法，趋向积极的还是多些。可后顾之忧仍然不少，也无万全之策。一旦病魔降临能否痛快死去常在疑虑之中。

我现在的生活方式是在求存的方向上走。还是想保持健康、继续思想、发挥余热、做点贡献。然而实际的环境条件未必能按照我的意志去做。这正是苦恼之处，矛盾之极。

1984.5.1.

戒烟已在思想上长期酝酿，前却是下不了决心，认为：

人活七十古来稀，何须自我找苦吃。
吸烟饮酒虽伤体，苟延人生又何益。

衷心本无厌世感，祇因体脑两衰急。
孤独之身人老迈，何谈奋蹄益牺多。
又想：
烟有百害，而无一利。
慢性中毒，癌菌内埋。
死不足畏，病痛难挨。
老人受苦，自己找来。
明知故犯，实不应该。
下定决心，勿再徘徊。

无以事小而轻放，原谅自己乃自欺。
生平艰险如平地，区区烟头竟存疑。
怪哉！

1984.5.21.

戒烟已经四天，咳嗽减少，食量增加，并无任何难受感觉，主要还是决心与意志。祇要想到烟的讨厌滋味，就可切断瘾念。 1984.5.24.

以5月27—30日在汴京饭店参加了四天"开封市民革第七次党员大会"。市委付书记、姚永全付市长、政协主席孙化民谈到了会，省民革副主委李肆之、副秘书长李清兴其他各民主党派均派负责人参加开幕时市里市长、各党政负责人均参加会完并摄影留念。开封日报二十九日报导开会消息并对民革作了简介。看来统战政策逐步在地方落实，更好地调动人们的积极性为"四化"服务。

此次民革市委改选，我以超龄（规定须大不超过65岁而我已68岁）当选为民革市委委员并又当选为祖国统一工作委员会委员和为"四化"服务工作委员会委员。我深知自己年老体衰无所作为，祇能尽力为祖国做点工作。但此事向杨校长谈过校后颇为吃味，似乎我在外担任工作过多而影响了对工厂出力，一见其心地狭隘，再者我已退休之人，不能期望太高而脱离实际。6.5.

第一部　1952 年以前

回憶愛妻沈啓芝（一）

我不会作詩，也不懂音韵平仄，写几句順
口溜，云简忘的以寄哀思，以慰我怀念亡
妻之情。婚前婚后一种罗曼史，五一辈子

1.

生活中印象最深，婉贞活着的时候，我俩也常常回忆，它给我俩带回青春年岁的年华，真诚纯洁的爱慕之情和无尚崇高的理想和共同而强烈的事业心。那是我俩一生中最幸福的时刻。她已离开人间，我则回忆的更多了，坎坷一生，时代的动荡变革，我们的所谓"理想"、"事业"都落空了。并非我们自暴自弃。我们从来是循规蹈矩兢兢业业廉洁自守勤奋工作，然而时代的巨浪恰巧把我们这一部份知识分子打入旋涡。唯独我俩的爱情，经过惊涛骇浪风风雨雨，经过无比的波折，事实证明一如初衷，终身相爱白头到老。现在的政策讲求实事求是情况是好转了，生活也比较优裕了，但是婉贞仙逝了，我也更老了。如今成了单相思。这样的相思病只好让它继续。

香山初婚　（1940年6-7月间）

登山涉水顶烈日，　未晚何患抵学宫

2

初瞻之时多好感，端庄容灵烦心中。
谈吐大方多卓见，举止文雅翩翩风。
窗明几净气新爽，无疵可吹众由衷。

注：

~~俊娣~~璐芝和张佩莲去南昌一联小学同事，她们感情至厚。俊娣早有意把璐芝介绍给我为妻，只缘38—39间因抗日我的婚事失去联系未果。此次张佩莲来信见到我所作颇为欣赏，经她们对我和璐芝多方衡量认为是一对俪佳，极其负责地向我介绍了沈启芝。当时我还有些犹豫，她们说："百闻不如一见"促我去南昌一趟。我是以试探的心情并假借一个过路是子去南昌的。

应选

遂怀喜悦过府拜，祖孙三代同频繁。
仪表堂堂称心愿，家世文彩合理想。
礼仪周全非俗比，才华得志似无双。

郎才女貌堪匹配，天作之合美良緣。

注：

蕙芝是祖母膝下四个儿子並无女儿，蕙芝是长孙女，自幼跟随祖母生活视之为掌上明珠。蕙芝的婚姻她家非常重视，选择到廿四岁还未找到合适的对象。这次我去应选，全家早先已有调查，一经面试出乎意外的满意，次日三岳叔盛晏待我，如即表示默许结婚。

·

蕙芝嫁沈（1940年7—8月间）

禹縣一面互倾心，沈禹难隔两地情。
鱼雁往还穿红线，互吐衷言庆知音。
仰盼暑假早日到，沈陽聚首会影形。
女郎骑驴进门第，迎迓来集一家人。

注：

我们极其感谢倪·静和张佩莲这两位介绍人，一位是我的表姐姐，一位是蕙芝的密友，他

4

的经过极其慎重的衡量，认为双方条件异常般配才介绍我们接触，安排的是一条笔直的阳光大道，一切顺心极其自然。我们双方在家庭大力支持下每托一位老者护送来洛。

初恋　（1940年8月）

炎夏酷暑不知暑，对坐斗室叙别情。
漫怀相思欲倾吐，欲言又止难启唇。
祗缘初恋无所措，举止言行费酌斟。
一日思人有十思，相前献殷情倍增。

谈情

结好安排小天地，密室细语道知心。
相偕游园谈理想，事业家庭作预衡。
相恨见晚终结伴，鸳鸯狂浪共求存。
贫贱富贵不能移，偕头到老永不分。

订婚　（1940年9月）

千里姻缘一线牵，月老事先有权衡。
水到渠成自然事，两相情愿订终身。

5

酒宴席前人欢笑，互换指戒签证婚。
报纸登出喜庆事，远近亲朋尽知情。

注：

我俩从第一次见面到订婚中间经过的时间不过两个多月，一切进行都很顺利，时间快并不意味着我们一见钟情草率从事。这时照芝廿四岁在旧社会已是老闺女了，我也廿五岁，思想看法都比较成熟，而且都在婚姻问题上有些挑选，要求条件都比较高。我们的结合要归功于介绍人的绝对负责的介绍，他们心中有数，半斤八两衡量已久，实际他们早已为我们订了婚，要我们接触无非是用事实来验证他们的设想。所以我常把我俩的结合命名为"半包办式的婚姻"我认为这种"半包办"形式很好，减少盲目性，节约不少青春宝贵时间使更好地搞好学业，把可能发生的恋爱悲剧降到最小限度，特别是那个社交不太公开的时代，这种形式非常好。

上学深造（1940年9月）

为了事业与前程，珍惜青春寸光阴。
终身已订情宏想，专再深造创新生。
送妻潭洪上河大，一对恋人难舍分。
祇缘才能需兼备，理智胜过儿女情。

注：

我俩订婚以后，彼此属于对方了。今后的任务是如何成家与创业。当时我的进取心很切，工作环境也很好，郭宝峤先生很注意培养我，当时估计我的事业发展是会很顺利的。璧先自立自强之心很盛，她打算成为我事业中的得力助手，决不当"金屋之娇"。我很赞许她的想法，决心帮助她继续深造。当时我每月工资112元（当时每人中等生活费才需6元）我完全能资助她上学所需一切用费。晚一点结婚也好，乘青春年华在事业上进一程。

7

送寒衣（1940年12月）

情人他乡助攻读，痴郎公务苦缠身。
公余日暇互思念，问寒问暖寄深情。
秋风落叶寒冬近，购得皮裘潭头行。
河大女子多风趣，品头论足羞煞人。

注：

抗日期间，河南大学迁入嵩县山区潭头镇，临时搭起席棚作为教室，师生大部分居住老乡家里，生活是够艰苦的了。但学生学习情绪很高，战乱期间能有一个学习机会也就很不错了。山里气候较冷，碧芝暑假从嵩县出来，当然未带寒衣。接到碧芝来信说山里气候较冷，要我送去寒衣，我像接到圣旨一样，明日到洛阳城买了衣料和皮筒。我知道碧芝精于手工，送去自己下手做，很快就能解决御寒问题。购料的第二天我就带着皮裘料骑车当天赶到嵩县城（离洛阳约150华里）次晨换骑牲口往潭头，县城离潭头100华里，山路崎岖，翻山越岭渡河涉溪，沿途风景甚是秀丽，心已神向碧莲，无意浏览欣赏。紧赶不停直到下午四点多钟才到达潭头，未费周折找到碧莲宿舍。我俩会面彼此心情之欢快非言语所能形容。未待我俩畅述思念之情，一群女同学蜂涌而来，紧紧围着我俩，你言我语，笑趣横生，而最后是使我无地自容。堂堂男子汉在这"女人国"里威风扫地，甘拜下风。

返归

嵩县山水多秀丽，道路崎岖人烟稀。
同路女友扬鞭去，一对情人共徐逸。
跋山涉水不叫苦，细语缠绵常相依。
人生幸福多过此，一路欢快丽人归。

注：

寒假时去接碧莲返家，同行女同学是冯佳秀，她的丈夫与我同事。她是已婚之人，很理解一对情人的心情。出潭头不数里，她骑上就骡扬长而去，当然我们也未强留，不过就骡和脚夫已先走，我俩未以为是个损失，宁愿徒步缓行，在那幽静的山径小道上，谈情说爱，无拘无束，其乐无穷。傍晚我们再聚于乡镇小店。

（1940年）

结婚（1941年2月8日阴历12月25日）

三岳叔携送女来，洛阳俊姊巧安排。
彩车乐队迎新妇，四维堂内婚典开。
首座郭先生证婚，来宾逾百兴高彩。
俱乐部里排筵宴，欢言戏语乐开怀。

注：

琬芝从河大回洛阳后，俊姊和梧青兄以战局随时发生变化，力促我俩早日结婚，婚后时局稳定仍可继续上学。经大家讨论决定那日送琬芝回乡转商同祖母和三叔，婚事如无异议，积々准备即速结婚。抗战期间，一般均打破俗套一切从简，琬芝回窝后家里仍要忙给碧莲做了不少單夾、皮棉衣物，整整装了两皮箱，三叔擔親自送女过门参与主婚。婚典极为隆重，长官部的乐队，郭寄峤参谋长的小队车，地点在长官部大禮堂——四维堂——礼堂裡喜幛懸滿，富丽堂皇，郭参谋长亲临证婚。賓朋滿座，礼毕郭参谋长并与大家在一起合影留念。这樣的排场不是一般人能享受得到的，祇有我们几位紧随郭参谋长的几位同学。

新婚

由戀而婚已暨畢，成家立业識从头。
夫妻攜手共創造，幸福家庭永无憂。
爱妻不作金屋嬌，重新任我上征途。
洛城西二隔五里，騎車接送乐悠悠。

注：

我与碧莲结婚时已是代理副团长的职务，仍与樓吉俊輝一家人住在一起，家里用有炊事员，我随身还有勤务兵，他的地位和工资收入使能为慧芝提供较为舒适的生活，没有为生活而辛劳的必要。但慧芝自强不息要为抗战献出自己的力量，婚后不久天就担任了四维小学（长官部的子弟学校）的教师，极其辛勤地去培育后一代。我们上班时间都极其认真的工作，业余时间欢度新婚蜜月，每天上班前我边骑自车送她到学校上课，下午下班后骑车到城里接她回家，洛阳道上每天描述一对恩爱夫妻的形影，卿卿我我成为路人所欣羡。

怀孕（1941年3—4月）

洛阳道上日并肩，谈笑自得若无人。
偶然发现妻呕吐，从速延医判病情。
医云乃慧芝怀喜，从此忙煞一家人。
辞去教职不干了，精心保护她为尊。

注：

婚后几个月的生活是非常甜蜜的，工作

与生活的节奏十分协调，心情非常舒畅。俊梯为我俩安排家务，不需我管油、米、柴、盐。工作上彼此都很顺利，每天进城接到璧莹后到街上买买零碎，骑车带着她或漫步走回西工，饭后与俊梯一家人谈谈或参加晚会或与璧莹促膝谈心，生活得很有情趣。但从发现璧莹怀孕后，情况有所变化了，主要是孕后反映太强烈，经常呕吐浑身不适，想要能买到的好吃东西都买了，但吃不了多少，一半又反馈出来，我非常怜爱她但也不能替她承担一点苦楚。俊梯经常忙着做这做那给她吃，又特别照顾她的起居生活。一家人都高高兴兴的忙着等待新一代的诞生。璧莹孕期反映特别长，从孕后三个月开始延续到孕后六、七月痛苦极了，我尽了一切可能去安慰她照顾她，精心调理营养保证胎儿健康，再珍贵的食物吃下去又吐出我毫不吝惜，但总要吸

13

收一点，实践证明胎儿发育正常。丽芝常怨言说："你害死我了，这怀孕的滋味怎不叫你受受呢？" 我真心诚意的答过她："为了不使你今后再受此苦，我决只要这一个"。但时过境迁，爱情的烈火早已烧掉这些怨言与诺言。奇怪的是第二胎以后孕后反映又平常了。

这一段的新婚生活有别于蜜月之时，爱的本质未变而形式有变，夫妻恩爱之情更加美满与成熟。从此往后不仅是我俩还有未来的小天使哩！尽管丽芝有时不舒适，我俩仍然不断傍晚进城，搜寻一切她想吃或爱吃的东西，劝她为了胎儿无论如何要吃点，一次她说："人说活鲫鱼汤能镇吐"，双双走进"小大饭店"很快做来一碗鲫鱼汤，我尝尝味极鲜美她也兴致勃勃地喝下半碗，谁知未停片刻又倾吐而出，我一点也不扫兴，因为我满足了她的要求，即令只喝下去一口也使我非常高兴。我俩共同生活了四十二年，她很少向我提出过要求，她非常通情达理，但凡是她提出总是使她感到满足。这趟的第二个目的，是为未来的小天使买衣物，她说啥就买啥，连尿布也是全新的。我俩这样为纯像诗写的爱情和欣兴所使然，不意味着没有人关心我们。实际三岳嬸从贵州寄来"桂元肉"给丽芝当补品。俊林一家对丽芝照顾得无微不至，一次洛阳吃紧家属西迁卢氏，桂生是在丽芝坐的大车上垫了四床被子，惟恐震动胎动，沿途照顾更是周到细微。时局稍平静我即亲自去卢氏把丽芝接回洛阳。

分娩（1941年12月25日）

爱苗之华的结果，孕育十月历艰辛。
面临分娩遇难产，亲视手术忐忑心。
庆幸母女皆得救，感赞大夫医术精。
喜蛋馈谢诸医护，发誓不要妻再生。

注：

启芝怀孕期间妊娠反映很厉害，身体有时感到不舒适，但精神上是舒畅的。营养补品也吃多少是进了口的，体形也跟上了。孕期不断检查，胎位也正常，只是胎儿较大，对初产来说是比较麻烦的，但这还不是主要。事后分析造难产的原因，要怪我过分娇惯她，逢事将就她，不叫她感到苦头。临产阵痛时，她过分紧张，显得有些娇气，大喊大叫大费气力，消耗在临产前，加之羊水早破，临盆无力压迫胎儿下落，形成难产。产科周大夫是一位有经验的中年医生，助手上官大夫配合默契，即决定全麻剪开会阴用儿钳把胎儿从子宫中取出，动作迅速手术利落，胎儿取出后已闭气不会发声，上官大夫倒提小儿猛力向小儿屁股打了两巴掌就哭叫起来，小儿得救了。周大夫和其他助手为启芝缝线敷伤经过检查安全无恙。不过经过全身麻醉，产后身体感到虚弱，经过细心料理很快恢复健康。由于省医院上官德圭院长是我同学的家兄，我又是郭参座手下

16

近，破例让我到手术室亲视全手术过程。俾我一直守护璧芝产期全部时间，使她们母子获益匪浅。

生出这第一个爱的结晶——玲玲——使璧芝吃了不少苦楚，我不愿她再受这样的折磨，曾向她发誓过，好好抚育这一个女儿，让她茁壮成长，我不打算再要第二个孩子了。但当时并没有节育条件，并未实现我的誓言，祇能说明我俩互爱之深，宁愿绝后，决不能失去爱妻。谁知四十一年之后，几经沧桑，仍然失去我那无限忠贞相爱弥笃，四十二年如一日的爱妻，怎不令人无限悲伤。

1985.2.9. 写于书室

代祭文

爱妻猝然去世，我精神受到重大打击，恍忽多日，但难成寐，思念苦情向谁倾诉？每想写点哀悼之言，焚化之空以寄哀思，几次提笔，心绪潦乱，难以成句而已泪流满腮，纸线模糊不能成文。时逾一月心情才稍平静，写了以下一封祭文今抄录于后：

[illegible][illegible]爱妻：

你竟突然离我而去，一缕青烟飞越九天之外，我俩再无晤面之日了。四十余年的恩爱一旦割舍，悲痛之情妻能有知否？我俩此生曾有三次生离，当年难舍难分之情犹在脑际，然多久别重逢之时，我俩心情之欢快，热情之奔放，妻儿团绕之慰藉，令你甚欣羡之。可今是永别了，凄凄切切之情何时了之？我这風燭残年的老人，今后的时日又何以度之？吾妻有知亦当为我悲泣！

四十余年的艰苦共同生活我俩融洽无间，妻之贤淑，恬静，勤俭，谦虚以及对我之忠贞始终为我所推崇。我俩虽是"半包办式"的婚姻，但从第一次见面，你那庄重的风姿，文雅的举止，有识的谈吐，纯洁的心灵，简洁的打扮，就深深感染了我。你不嫌我清贫又无权势，在那战乱纷飞的时日里，在家长的赞许与主持下，我俩由订婚而结婚了。凭着我们的手脑共同建立起虽一直生活平淡而彼此互敬、互爱、互助、互谅的美满家庭。数十载过去了，我俩没有任何争执与裂痕。在那乌云密布横祸加身的时日里，我被流放西北，忍饥受寒九死一生，眼看难以生还。吾妻一如既往，忠贞于自己的丈夫，顶着巨大的政治压力，忍受着精神上的苦闷，备受穷困的侵扰，含辛茹苦抚育着四个儿女，还不时挤点钱贴补我零用和寄去急救药品，并借贷路费派聪聪到农场看我，尔后又亲自不辞路途颠沛到西北探望于我。正因为有了这些难能可贵的物质支援和精神上的安慰，我才得幸生还。四[illegible][illegible]年多为"右派"人家妻离子散夫妻成仇，而我能得与妻儿团欢聚团圆。严峻的政治，崇高的美德，怎不使人感激涕零？从此我爱妻之情千百倍于往昔。我俩虽有深厚的情爱基础，但当时你是干校工会主席、党员培养对象，形势逼迫你要与我划清界线，你顶着巨大的政治压力，宁可牺牲"政治生命"也不能抛弃自己真诚的爱人。与我风雨同舟共度时艰。足证吾妻明辨是非，胆识过人，敢于坚持真理，诚非一般痴情女子能可比拟也。我有如此德、才、貌兼备的终身伴侣，常引以为荣。我常对人夸赞吾妻，并百般顺应吾妻。私以为"受人点水之恩，应图终身报"，然吾妻从未以此自诩，毫无半点傲慢之情，且多顺应于我，使我更加敬爱吾妻矣！多年来总想在物质上多给吾妻以照顾，然吾妻勤俭美德始终不移，而常年经济并不十分宽裕，吾妻每从不接受照顾，使我常耿耿于怀。近年来儿女均已成家，"改正"后经济又稍宽裕，每拟相偕旅游，使吾少"右派"人家妻离子散夫妻成仇，而我得偕与妻儿团欢聚团圆。严峻的政治，崇高的灵魂，怎不使人感激涕零？从此我爱妻之情千百倍于往昔。我俩虽有深厚的情爱基础，但当时你是干校"工会"主席，党员培养对象，形势逼迫你要与我划清界线，你顶着巨大的政治压力，宁可牺牲"政治生命"也不能抛弃自己真诚的爱人。与我风雨同舟共度时艰。足证吾妻明辨是非，胆识过人，敢于坚持真理，诚非一般痴情女子所可比拟也。我有如此灵魂，才貌兼备的终身伴侣，常引以为荣。我常对人夸赞吾妻，并百般顺应吾妻，私以为"受人点水之恩，应图涌泉报"，然吾妻从未以此自矜，毫无半点傲慢之情，且多顺应于我，使我更加敬爱吾妻矣！多年来总想在物质上多给吾妻以照顾，然吾妻勤俭美德始终不移，而常年经济并不十分宽裕，吾妻每从不接受照顾，使我常耿耿于怀。近年来儿女均已成家，"改正"后经济又稍宽裕，每拟相偕旅游，使吾

妻晚年能享清福，又独偏"瘫"缠身，每每劝妻
加强锻炼，并能实现所望，而吾妻信心不足，
未能如愿以偿。每念及此常愧于衷。更不幸
者去年四月底一时保姆外出，又值第一节有课而
停吾妻之人，起床不慎跌地而致再发"血栓"。
我深悔照料不周而铸成大错。所幸救治及时
得幸再生。然此一蹶不振未能完全复原。我深
受此教训后，决心不惜重金雇用不请假脱节的
保姆，要保证吾妻左右不停之人，并更加亲自
精心医疗护理。八个月来吾妻病情相对稳定，
打算越过严冬，一俟天和日暖，将每日推吾妻
出游，重温青春美景藉慰老伴深情。谁知幻
梦未成影，出于我的盲目乐观和疏忽大意，在
妻下楼晒暖中未坚持送妻回室而自外出，竟
在此时此刻由于保姆搀扶不慎跌地而
成巨祸。1982年12月19日下午三时50分遭灾，
1982年12月21日正午12时40分竟抛弃须
发斑白已共同恩爱生活四十二载的伴侣，

4

和你的儿孙们与在长辞了。呜呼！天若有情人何无情！妻是否已进入极乐世界尚未可知，然我一缕情缘日夜系之。妻何绝情如此弃我而去耶？牛郎织女每年尚有鹊桥之会，我俩阴阳两隔会在何朝？我生从不信鬼神，但愿今有鬼神在，果之，愿再结阴阳夫妻相诉我一月来思念之苦情。然而这是痴人梦话何曾有之？残酷的现实确在折磨着我，情不由己不知何以处之！死别一月矣！情不尽书。愿妻在天之灵忘却人间喜怒哀乐，幸不为我痴情人担忧则予愿足矣。

未亡人沈律周敬献

1983.1.21.

1985.2.14. 抄录于此

回憶愛妻沈瑩芝（二）

哀思（1983.5.1）

当年相見恨晚，(1) 今日永別何速。(2)
四十二載瞬逝，(3) 未尽之情难续。(4)
朝々暮々思念，(5) 忆梦老泪纵横。(6)
明知苦海无边，(7) 犹愿常念忠魂 (8)

注：

(1)、新婚燕尔，相爱殊笃，实有此语。

(2)、近年精心护理，病情稳定，如非意外，定能再活数年，突然去世，我的[illegible]然。

(3)、结婚四十二年荣辱与共，艰辛备尝，忠贞炫日月，往事历々如白云过隙。

(4)、未尽挚爱之情，未能日侍其左右，终死于[illegible]疏忽之手，遗恨终天。

(5)、昼间独静之时，往影像现难自克制。

(6) 梦寐之间常泪纵横，思情难断，悲痛难忍。

(7). 明知苦思冥想有损身体，终难克制。

(8). 仍怀念吾妻生前一切优点，特别是五八年的手脚发软。

孤身出游　83年7—8月

为避暝想南北游，北戴海滨触念深。
姜女庙前望夫石，长城在望妻何存。

庐山俊秀风云美，飞瀑千尺送古人。
鳏夫独吟李白句，欲讯仙鹤出凡尘。

注：

晓英去世半年多，整日思念不能自拔，亲朋子女劝我出去散散心，转移下思想可能会好些。利用暑假独自一人先去北京，与四姐、五姐谈谈心，四姐也愿陪我到北戴河避暑。这时帅帅一家亦准备从汉来京，但其迟迟未到，而小明又准备去汉口住院，时间不等人，我只好只身到北戴河、山海关、姜女庙等处游历。风景优美，兴趣特浓。特别是在姜女祠的望夫石，相传孟姜女哭长城，千里迢迢来到此石望长城而哭其夫死于长城劳役中。身临此境我不是哭夫，能善修情而是要哭永别的爱妻了。

赶回开封，送小明去武汉，在华北行雨天祭祖坟又去新乡看母亲故地再探望外甥女同去。折回武汉我又独自一人去庐山游历，庐山风之山虽十分秀丽，但无老伴偕游，越感孤凉，顿觉人生毫无聊趣，十分淡薄，觉得生活得无什意义。

重游东湖 1983.8.2[illegible].

亭阁清新湖如镜，秀丽如旧面貌新。
少年来此戏湖水，于今老迈叹生年。
携孙小浩伴我游，儿女孝顺心赤诚。
但惜爱妻已仙逝，美景难慰伤感情。

注：

武汉是我出生和少年生活求学的地方，旧地重游引起许多旧时的回忆，如果要写青年旧事：幼年时代的娇养，少年时代的艰辛，求学时代的刻苦，家庭的盛衰与破落，以及大革命新思潮对我家庭所起到的影响，要写一本小说也有足够的素材。但我不善文笔，只好让它去脑际烟消。唯独借儿女重游东湖时，这优美如画的景色，悠闲自在老老少少成双成对的游客，都引起我对爱妻的无限思念，和一生的坎坷与曲折，思绪万千，感到目前的幸福，遗憾的是，璧芝未能分享。

1985.2.16. 重抄于此.

回家 1983.8.30.

由途急促返，家中空无人。仰望妻遗像，老境堪自怜。风尘需自净，羹汤无人问。云游四海好，究自难修情。

注：

璧芝在世之时，每次外出归来，吾妻总是欣喜接待，茶水侍与热情非常，一进家门充满了温暖，织出了"在家千里好"，感到无尚的幸福。此次远游归来，冷々清々无限伤情。

1985.2.16.重抄于屯

百里迎妻（1942.3—4月）

军队移防去长安，妻儿迟滞在洛阳。
南院营地辅安校，思妻情绪难抑按。
电讯联系敲往返，唯恐罹难在潼关。
乘车东下逐站询，迎妻百里会渭南。
抱儿寻夫行千里，不畏艰险与困难。
笑见夫君迎面来，喜自五中泪盈眶。

注：

1942年春，卫立煌调任军委会西安办公厅主任，我特务团奉命调往西安，当时我任特务团中校营长，率队西上，从河南灵宝至陕西孟源一段，火车虽能通过，但黄河北岸风陵渡日军常隔岸炮击，特别是陇海路的八号桥，跨过山峡，目标暴露，为日军主要射击目标。白天南岸我炮兵为保护铁路与桥梁经常与日军隔河炮战，但这也难保八号桥的绝对安全，曾数次遭到破坏影响通车。所以白天一般不能通过，常利用黑夜开车撞关。我车队到达西安以后，很自然地操心着碧云所乘后勤列车的撞关情况。当获悉碧云所乘列车已撞过潼关后，颇为欣慰。按说身为一营之长的我，已知妻儿安全过关应该放心下来，把自己的部队更妥善的安排好些。但念妻心切，抑压不住感情的冲动，而竟向部属稍事交待，未带一个随从只身跑到了火车站，到站一打听，说这列车何时能到西安站未能肯定时间，适有一列东下列车，我遂跳上，沿站询问直达渭南车站见到她们。我一向责任心是比较强的，应该遵守纪律，这次自置送妻虽然擅离了三个多小时（去渭南见到碧云后稍事安排我又乘快车先四面安）因未经过请假私离连，纪律罚。这里只能说明爱妻丽芝在我头脑里珍贵的份量。我俩共同生活的几十年中，送妻迎妻的故事不可胜数，我生活里不能没有她。她从不撒娇，也无半句甜言蜜语，总是那样真挚诚恳默默地支持我的工作和生活，成为我崇拜的偶像，精神上的支柱，幸福的源泉。为了我们共同的幸福，我们不愿须臾分离。婚前为了相亲我奔驰在途，马道上来回五百余里，泽头河大送寒夜，迎归又跑五百余里，送丽芝回马踪准备结婚又是五百余里。婚后洛阳等了张家庄送卢氏，精了和缓，我亲自卢氏把丽芝接回洛阳往返六百余里，抗日胜利后我调任副团长去陕西邠州，精兵即派人把丽芝接邠州，停战后我出逃数十里。48年解放战争时期，我带军校学生行军到沔阳，丽芝坐汽车送往汉中，待把学生安顿好，我又亲自去汉中接丽芝到沔县。按当时我的职务与地位，派个副官四两岁）因未经过读信仍原速记引为。这里只能说明爱妻碧芝在我头脑里留给的份量。我俩共同生活的几十年中，送妻迎妻的故事不可胜数，我生活里不能没有她。她从不撒娇，也无半句甜言蜜语，总是那样真挚诚恳默默地支持我的工作和生活，成为我崇拜的偶像，精神上的支柱，幸福的源泉。为了我们共同的幸福，我们不顾很久分离。婚前为了相亲我奔驰去洛，写这上来回五百余里，涉头河大送寒衣，运归又绕五百余里，送碧芝回禹县准备结婚又是五百余里。婚后洛阳学习带家属送卢氏，精简机构我亲自卢氏把碧芝接回洛阳往返六百余里，抗日胜利后我调任副团长去陕西邠州，稍定即派人把碧芝接邠州，停战后我出迎数十里。48年解放战争时期，我带军校学生行军到郧阳，碧芝坐汽车送往汉中，待把学生安顿好，我又亲自去汉中接碧芝到郧县。按当时我的职务与地位，派个副官去接替了代劳。由于夫妻感情深笃，我均亲往迎候。解放后虽未长期分离，但有短期分居的时候，在军政大学学习和在川北军区司令部当参谋时，实行的是星期六制度，照例是周六到妇校接碧芸和孩子。回京后虽常生活在一起，但在某些情况下，我还是接送她。碧芸在南关子校上班，每逢大雨，百货大楼前照例淹水过膝。这时我提前起床背送碧芸涉水而过，然后我才上班。文革中碧芸在水稻公社干校学习，周六我必骑车去接，除非学习紧张时她不让我去。75、77年碧芸两次住南关疗养院，每次都是七、八个月。由于是疗养，每日上午查病房后，碧芸即漫步回家，晚饭后我照例送她回疗养院。在我们生活的数十年中，接接送送行程数千里。夫妻感情之笃厚，非一般人所可比拟也。

1985.2.22.写。

8

百年和谐互爱终身

这个标题对我和爱妻来说是当之无愧的。亲戚和朋友公认我俩是感情深厚，相爱终身完满无缺令人羡慕的伴侣，在夫妻相爱上堪做一般人的楷模。其秘何在？其实"天下没有无缘无故的爱"也没有"无缘无故的恨"，特别是"爱情"，不仅是有故而且是相互的。"爱情"不仅是卿卿我我如胶似漆，爱情真谛是永远相互使对方感到欣慰与幸福。如果是单面的，不仅不能持久，还会变成"恨情"。

男女青年在青春发动期，由于性的发育与成熟，对异性都会产生"爱慕"感，对万物之灵的人来说，有道德观与夫妻制度，这种"爱慕"应该是有克制的。我俩都经历过这一时期，各在自己的环境里都作过克制。及至我与琬芳谈恋爱时，彼此在选择对方时都有自己的理想与条件，正因彼此条件相符才结成了伴侣。但要终身互爱，还要一本初衷，不断培养与增进感情，才能达到百年和谐的目的。

我为什么数十年如一日地热爱碧芝？

前面已经谈过我与碧芝从初识至结婚后几年的相爱情况，那是青春之爱，纯感情的成分比较多。前面写的“付祭文”“哀思”“百思亡妻”等等，充分流露了我俩中年和老年时代的相爱，就十分珍贵了。这也是有故和相互的：

我爱她端庄美貌，青年时代的容貌、身段、举止，用西施之美来形容她并不为过，中年时代的美，用“徐娘半老风韵犹存”来形容也恰如其份。老年时代的美，小说家描绘的不多，但“富泰”“有福”等名词来形容她也名符其实。她美在自然，从来不浓装艳抹，穿着淡雅，举止端庄。在旧社会她居于“太太”的名份也未烫过发和穿过高跟鞋。一双亮晶晶的眼睛总是那样温存、诚恳、正直。她除了对我流露过真挚的感情以外，从未发现或听说过她有任何轻佻的行为。我俩彼此都认为“爱情是绝对自私的”，我俩终身信守经过"反右"期间的严峻考验，也未悖逆诺言。我俩从年青时代就建立彼此在"爱情"上的信任，所以我们在正常的男女间的交往，从未发生过怀疑。

我爱她品德高尚；碧芝在家庭里受过旧道德熏陶，在学校里受过新道德的培养，在社会里观察过是非曲直，所以她的举止行为恰如其份。对丈夫她是无限忠贞，我不爱好的东西，她即令爱好也可以放弃。例如她在祖母膝下生活时，常陪祖母等在家里打麻将，与我结婚后因为我讨厌打麻将，我认为这种游戏易导致人堕落腐化惹事生非。她觉得我的意见正确，就放弃玩麻将。又如六〇年灾荒年我流放西华，碧芝一人支撑着一家五口的生活，家里是够苦的了。她管着干校学生的伙食，廉洁自守，孩子有时去找她，除了省下自己一口馍给孩子外，决不动用伙上一粒粮。我从西华写信回来，变卖把我的家私，尽行卖掉，暂维家庭饥饿之苦。她当时除了把她的皮袍和豹皮褥子卖了以外，我的自行车，手表坚决不卖。回沪后我责备她应该卖呢了，她说："我随时都在盼你回来，车，表卖了，你回家用什么？"肺腑之言感人至深。她舍己为人的高尚品德也常施用于亲友之中，常常自己够穷的了她还挤点周济亲友，实是难能可贵。

我爱她恬静寡言：爱兰的个性好静，不大爱说话，也不串门子，有了三言两语从不啰嗦。这在妇女当中是难能可贵的品德，少惹多少是非。但她在丈夫面前是"知无不言，言无不尽"我们经常交换意见，讨论学术，安排家务，展开批评，但我们都很虚心，服从真理，彼此很能谅解，很少弄成僵局。有时也会恼怒了她，这时她多半是含着怒气一声不吭。我最怕她这种让步方式，这时我就感到惧

4

悔，堂堂男子为什么要欺负自己心爱的人，每每是赔礼道歉，直到烟消云散，重归于好而后止。所以我们没有闹过真气，也不存在怨恨之情。一般的说来妻子一定要掌握"妻权"与"财权"，所谓"妻权"是决不容忍丈夫有外遇。在旧社会男人可以"三妻四妾"，往往地位一高，就会偷偷地讨"小老婆"，在青年时代我是官运亨通提拔很快，所是常担心怕被遗弃，我以热爱的情感，正直的行动，（例如我的部队严禁赌博、嫖妓、强拉百姓，如有违犯重惩不贷）使她坚信我是永远是她的爱人。至于"财权"在新旧社会都是分文交柜，但她也非常开明，零用随便取用，重大开支协商解决，每无涉及向她娘家人支出的项目，总会征求她的意见，而后我再办理，总是叫她多多点点。这两个矛盾解决得这样好，别的都属于小节了。

我爱她勤俭持家；她是在穿着方面不花

彩，腈崇尚淡雅，自己从不买高档衣物，有几件质地好的衣服都是我带着她出去买的，在饮食上不甚讲究，不过我是南方人吃还是可以的。但我邀她去吃馆子时，往往不能欣然同意，为了不叫我伤脑筋，每次还是陪我去了，但不点好菜。日常生活她有计划，原则是量入为出，略有余裕。解放前经济比较紧时，她也从不浪费分文。她穿的单、夹、皮、棉、鞋袜、连同我穿的内衣和孩子们的衣鞋，几乎全是她自己亲手做，即令家里有裁缝时她也是自己做而且手工细微，式样美观。由于有这勤俭持家的好习惯，在灾荒年也安然渡过。我对她这种勤俭也常有反感，我主张生活费用应根据收入来决定高低，决不能当"守财奴"。她虽不甚同意，但也不坚决反对，常常这样无条件的妥协。

我爱她自强不息工作诚实，结婚前她就是小学教师，教学成绩很好，当年督学听过她的课以后上报表扬她，下达的表扬令中写道："忘度安详、言语清晰有层次……"在旧社会能得到上级的表扬是少有的，那个时代并不注意调动积极性，这说明瑾芝初出茅庐教学业务就很不错。与我结婚以后家庭经济条件并不坏，她不惯安闲又到洛阳四维中学任教了。其后的十年，战局动荡随我忽东忽西她就无法工作了。解放以后即投入了教学工作，在军区妇校、在开封干校，教学成绩都很好，业务上精益求精，学习上进步深入，在干校从扫盲教起一直教到初中毕业班，调动四中以后又教高中语文，其自强不息的精神令人钦佩。在工作上非常踏实认真，特别在干校当工会主席时，群众工作做得很细，与群众关系很好。直到现在偶遇她当年同事谈及无不称赞她。

瑾芝当然从各方面相应的爱着我，共同生活了几十年，彼此都从对方感到欣慰与幸福，这是我们偕头到老的秘诀。1985.3.4.写

做对朋友式的情侣

一、通情达理。

二、善解人意。

三、控制情绪。

四、分忧解愁。

五、心理相容。

8

患难知情深

从1940年初夏到1958年春我与爱妻譬芝互相热爱着已经十八个年头了，这一段时间里我们的生活环境基本上是顺利的，没有任何外界的压力冲击我俩真挚的爱情，总之苦乐共享相依为命生活得很平静。但58年划我右派并送西北劳教后，这时对譬芝的政治压力异常之大，这时她是市文化干校的工会主席，又是培养入党的女党员对象，如果她单纯从个人政治荣誉，在政治压力下很可能与我离婚，但她没有这样做，当时她是怎样看待这个问题的呢？今天我翻阅了她在1960年所写社会主义教育小结中有一段这样写道："……既不通信又不来往，这不是划清界线了吗？（实际她未与中断通信——沈注）为什么在每次运动中同志们总把这个问题提出，而且又是我最重要的问题呢？（实际是在逼迫与我离婚，多大的政治压力啊！——沈注）对这个问题一直我是很苦恼的，我不明确究竟怎样就算划清界线呢？是不是离婚了就算划清了界线？实际上这祇是从表面上、形式上看问题，实质上没有从立场上解决问题。如：59年11月党中央发表对反革命右派份子改恶从善者进行特赦，当时看到这个消息后马上联系到沈继周是否在这一次能被特赦呢？……”

今天我读这一段叙述后，又一次使我感激涕零，当年爱妻所受到的政治压力是何等沉重啊！表现了对我的无限忠贞，仍以正直的呼声，痛斥了那些违背伦天、不惜负我的政治投机商，字里行间充溢着对我无限怀念的感情。亲爱的七妹，在那艰苦的岁月里，为了真挚的爱情，你忍受了多少痛苦与侮辱？你表现得那样正直、刚毅，不怕牺牲，与你平日对我宽容、忍耐的性格判若两人，憎爱分明，难能可贵，永世难忘。

爱妻在1958.5.18.交心材料中写道：“沈继周被划为右派份子以后思想不通，认为他平常并不落后，这次被划为右派主要是个人英雄主义严重和领导上闹对立，对个别党员不满，并没有什么严重问题。"
"当沈德润被处理为第一类劳动教养时，思想不通，认为四中太严，……不应该结合历史，因为他是起义人员，过去的历史应该既往不咎才符合党的政策。"

读了这一段叙述后，我衷心感激正妻对我鸣冤的深情，知我之深，爱我之切，政识之高，胆力之大，令人万分敬佩。一向沉静寡言祇知埋首苦干的弱女子，竟敢冒着极大的政治风险吐出肺腑之言，非一般痴情女子所可比拟也。（当年不少这样良心的人又被划为右派分子——德注）事实证明她当时的认识是十分正确的，（因我的问题在61年右派甄别时已将"反右余案"撤销，78年"右派"和"历反"时同得到改正。）所幸她一向待人诚恳，工作踏实，服从领导与群众关系好，这次良心还未被划为"右派"，否则当年就家破人亡了。"患难知情深"，我从西华回来以后，爱妻之情更胜往昔。89年某日家人在一起吃饭时，小明看到我对她妈妈照护得无微不至时说："爸爸对

3

妈妈的照顾有些「常樣」" 孩子祇看到表面现象，似乎两位老夫妻太热火，那他们那知道我们是一对经过严峻考验的"患难夫妻"呢？

怀念亡妻　　1985.3.13.写

沈启芝

伉俪情深四二载，蹉跎岁月似浮云。
风雨同舟斗孩浪，同生共死渡险关。
相敬相爱春常在，互勉互助福自宽。
天公无情判阴阳，旧情萦绕催残年。

1994.3.重读补咏

忆旧　95.1.9.答诗俦

天公未老人已老，情志英姿夫何在。
秀峰龙潭驰试剑，身怀之侧共搁时。
九江就医斗顽疾，祇缘抗日中华兴。
洛阳聚首瞬息逝，劳燕分飞四五春。
重获信息两鬓白，何日同舟叙别情。

沈啟芝傳　（去世1982年12月21日公历）

沈啟芝乳名嬌1917.5.28.（旧曆）出生于河南省开封市龍亭后裡城旗人家庭，據說係外八旗屬于蒙古民族。当时家里自她祖母以下有七、八口人，她父亲时兄弟四人无有姐妹，她父亲是老大。民国以来旗人家世均已没落，没有粮饷需各自谋生。她父亲读书不多，工作能力也不强，膝下四女一男生活比较艰苦，她母亲很能干勉强支持一家人的生活。她二叔、四叔均係师范毕业，生活条件稍好。三叔早年在冯玉祥部队中当兵，经过自己刻苦学习有一些文化，从传令兵逐步提升最高当过山东周村和济南的税务局局长，手头积累点钱，在开封购置了些房产兼营点存款图利，一直生活不错。由于祖母膝下无女，啟芝在四岁时就随祖母生活，得天独厚，成为祖母的掌上明珠，一直受到娇惯。六七岁时就在她二叔主持的（当时任校长）旗军[illegible]小学（现在的相国寺小学）女学上学。聪明过人很逗人喜爱，能歌善舞。学校演出"葡萄仙子""麻雀与小孩"等剧时充当主角。学习成绩亦不错。及长投入静宜女中，在校时由于人才出众素有"校花"之称。读到高中二年级抗战开始，随其祖母、三叔等迁居河南禹县，中途辍学。1938年河南开封各中等学校均迁到南阳，祖母三叔甚觉惋惜，高中肄业只剩一年，究竟她何处完成中学业，遂送她到南阳转学到开封北仓女中复学。毕业后(1939年)由禹县经友人介绍到禹县第一联合小学任教。初出茅庐执教效果优越，颇为上级及同事们赞赏，并得到上级表扬。其主要特点是教态文雅安祥，语言清晰，层次分明，重点突出，教学效果良好。她性格文静，举止端庄，穿着朴素，仪表大方，工作负责，待人诚恳。其容貌之动人，尝为不少青年倾倒。其时该校教导主任沈继周先生，对她格外垂青，她们交情甚厚，尝由同事私议，欲与其介绍成亲。由于战乱纷飞，其后沈继周已不知去向，甚已彼此联系地点都不可得。未久沈保俊先生也去洛阳，此后彼此更心照不宣，无从谈起。时沈丽芸年已廿三、四，关于婚事她条件较高，追求者颇不乏人，无一中选。事有凑巧那年间沈保俊姐弟经过多方打听终于在洛阳团聚。

巧对婚姻

时沈健周年已廿四、五，仍无成亲之意，一心扑在事业（时沈健周已任代理中校科员）上。其姐认为，沈门只剩下弟弟这条根，再不成家连根家也没有了。遂多方撮合促成，弟弟总是婉言推辞。后适逢开封女师毕业，在洛阳和平小学任教的谢宝兰女士与其弟来往。数次交谈仍不中意，使沈保俊先生格外苦恼。正值此时沈丽芸同事、好友张佩[illegible]女士从禹县来洛，沈保俊先生与她谈及其弟与谢宝兰谈朋友事感到很伤脑筋。张女士听后说：“谢宝兰也是我小时同学，一般说她各方条件还不错，但与沈丽芸相比未免逊色，你不是很欣赏沈丽芸吗？我把她介绍给你弟弟如何？保证他会一见钟情的。”事情就这么巧

郭参谋长证婚

经过双方家长的议定，他们双方的接触，彼此家长和他们本人都很满意。1940年秋订婚，1940年除夕前沈璐芝与沈继周在一战区参谋长兼第九军军长郭寄峤先生证婚下在陕县欢乐的婚典中结婚了。婚后夫妻相爱，情笃，蜜月满过，沈璐芝为给抗战贡献力量又走上任教工作。1941年夏由于怀孕反映特强无法继续执教只好中止工作。1941年冬生一女孩乳名“玲玲”，爱晶之华，小两口格外疼爱，视为掌上明珠。由于抗战日益紧张，数移驻地，璐芝无法继续为抗战效力，只好居住家里权当贤妻良母了。不过生活比较优越，家庭宁静和睦，日子过得不错。1943年夏在长安又添一男孩乳名“聪聪”，儿女双全幸福美满，夫妻相爱更深，周围的人无不羡慕这一甜蜜的小家庭。随着抗战形势的恶化璐芝成了长期的家庭主妇，数移驻地由洛阳西撤安、武功、郿县、大荔、林水等地，经常居住在小城镇或

怀孕生女

农村，生活虽不十分安定，物质条件并不优越，但他俩情深，精神生活特别美满。她持家勤俭，待人诚恳厚道，视佣人如同家人，所以走到何地姊妹等跟左右，虽然带着两个孩子，始终有人照料与帮助她操持家务，基本上未吃到苦头。1945年抗战胜利后，全家由栎水移居长安，人们带着抗战胜利的喜悦，满以为从此恢复元气，建设祖国让人民过上好日子。但事与愿违，国共两党谈判分裂，内战又起。沈继周身为军人，官居中校副团长，虽然内心反对内战，并不得违抗军令。只得把亲爱的妻儿送回开封，交由酷爱的母亲和沈的姐姐来照料。一别就是一载。

抗日胜利内战又起

丈夫奔赴战地，妻子担心受怕日盼夫归。物质生活虽然不成问题，而精神上却十分苦恼。1947年夏，沈继周毅然摆脱内战行列，以有病为由来信师长准假，即从延安飞抵西安转车返回开封。夫妻久别重聚，内心之欢快无以复加。沈继周为官清廉，手头毫无积蓄，不领薪俸家庭生活难以持久。

9

虽然三叔岳劝他弃军从商，也与志趣不合未予
践行。在许行留月余不得不返回西安。碧莲夫妇
对内战均极反感，商讨决不再打内战。继周
到西安后赋闲数月，很难找到合适的工作，最
后祗好从事军事教育工作，到中央军校任中、大队
长职务。秋后碧莲带着两个孩子由郑州乘飞机
抵达西安，夫妇团聚。未久由西安迁居王曲附
近，虽是农村，生活还很平静，小家庭也很美满。
然而战局变化很快，蒋介石反共不得人心，军心
涣散士气低落，虽有较好装备仍抵不过八路
军。节节后退西安难保。军校军官训练班也
不得不逐渐后撤，碧莲随军校由西安而
宝鸡、汉中、沔县终至新都。49年初继周
迫于情面不得已兼任了215师643团团长。碧
莲虽不反对，但军人要服从命令，继周也徒奈之何。
碧莲住新都，继周团部设金堂，每周末回家
探视如此七个多月，时局更为紧张，解放军入
川后势如破竹。至1949年12月继周随中央军

校起義参加了解放軍行列。1950年繼周在解放軍西南軍大川西分校学习。怕碧芝一時不习惯軍队集体生活，暂时未参加軍大婦女队学习，另住带着孩子生活。周末繼周回家过星期六，小日子过得还不错。1950年冬繼周在軍大提前毕业分配到川北軍区司令部当参议，碧芝随到川北南充，参加了軍区婦女学校并担任了婦女学校文化教员。当时係供給制，一般团級以上干部可以带家属，但各有自己的工作或学习岗位。碧芝在婦校工作，玲、聪兩儿上了子弟学校住校生活，祗是每星期六回到繼周的住宅一家团聚。繼周和兩个孩子吃中灶，碧芝吃大灶，各到各的的食堂就餐，祗是逢年过节碧芝到中灶来会餐。大灶伙食营养价值来说并不算坏，但饭食单一化，久之食之无味。繼周和孩子分别在各自单位吃中灶，花样多吃得好，唯独碧芝在一家人比較中吃得差一点。未久又怀了第三个孩子大锅饭更觉難嚥，但供給制度下，除了有病吃点病号饭外，很难细緻，

（續之）　　11

照顾。每逢星期日继周带着全家到市上吃馆子，給瑶芝改善下生活。但行动还得隱蔽一点，怕影响不好。瑶芝在妇校任教，成绩不错，頗为同志们赞赏。思想改造进步也不小，逐渐适应了集体生活。供给制也有大优点，饭来张口，衣来伸手，任何家务心都不必操，文化生活也很丰富，每周平均有两次看戏，有时就在军区院内放电影，于是夫妻又增加些全家机会，看来也两口经常在一起生活，还有情趣得多。

瑶芝在军区妇校本来有参军的机会，当时规定参军要从战士为起点，当时瑶芝已担任妇校文化教员，如从战士开始思想还有些不通，继周也认为参军与否无关重要，所以也未拉下脸皮。

1952年初夏全国范围内实行精兵简政，四川省四个军区合併为成都军区部队动员转业，继周响应了转业号召，因瑶芝是开封人，继周的姐姐也在开封任教，选择了转业开封。1952年7月间到达开封，在侨楼旅住下，当日转业委员会前来徵求工作意见，行两日即派往开封南关爱国中学工作。当时爱国中学是私立，德周派去是唯一的公职人员，到校后即协助当时校长工作，着手开始由德周领导全校，带领全校教职员进行三反思想改造并即将该校改为市立开封中学（完全中学）。砚芝亦派往开封市文化干部学校任教。砚芝任教仍係旧业，由扫盲直到初中语文毕业班，教学备课认真，教态自然，板书规整，语言清晰，教学效果尤好。既为领导赞许亦为同学拥戴。1956年成为该校女党员培养对象，并经全校教职员公选担任了该校的教育工会主席。任工会主席期间深入群众为同志排难解忧，协助学校领导做了许多工作，直到现在同志们谈到她仍念念不忘。1958年德周被划一般右派并结合历史被开除公职劳动教养。在这乌云密布的日子里，砚芝受到极大的政治压力，每逢运动即提出要她与其夫划清界限。砚芝顶着巨大的政治压力，忠实于自己的丈夫，并历为其夫鸣冤叫屈。其坚持真理，不畏强暴的精神令我敬佩。

1954年璐芝又生一女孩名明明。这时一家六口，还有一位长期跟随的保姆李嫂，是个七口之家。德周和璐芝两人的工资收入可达140元，璐芝从来是勤俭持家，生活安排得有条不紊。李嫂主持家务照料孩子，德周和璐芝均忙于工作，每逢星期天就帮助李嫂洗衣做饭，缝缝补补。璐芝女工长精，连织带做瞬时完成，一家六口穿得整整齐齐，饮食医疗中节而营养也颇丰富。三岳婶与璐芝住同院，经常帮助璐芝照料家务。她对德周格外垂青，璐芝从小是跟她长大，一向视为亲生女儿，许字德周也是三岳婶主持。所以德周实际是她的亲女婿，丈母娘对女婿的情爱是无微不至的。但从58年以后，家境发生骤变，三岳婶于57年去世，58年德周打为右派劳动教养，由于经济收入减少大半，李嫂也雇用不起了。政治的压力、生活的窘困，又值荒年，使璐芝承受了生平从未遭受过的极大痛苦。一位从小娇养，婚后美满幸福，眼前是陷黑暗下的弱女子，怎能顶住如此巨变？然而碧芝坚信真理是不可战胜的，丈夫是清白的，仍无限忠贞于自己的丈夫，顶住了一切邪恶，勤奋于自己的工作，窘困中抚养着四个孩儿，还不时周济着丈夫，终于61年与丈夫团聚，全家团圆。一位伟大的母性，令人万分崇敬。德周回来后，深深感激碧芝在严峻的环境中保持了一家完整的功劳，对碧芝更加体贴，百依百顺照料细微。但碧芝从不居功骄傲，四哥以更深厚的感情，家境虽仍然清贫，但精神生活较任何时候而更加美满。66年“文革”开始，这一场恶梦触及了千家万户，碧芝一家也不例外。但对碧芝一家内部并未受到太大影响，相反的团结得更好。不幸的是碧芝在干校不甘示弱，过重的劳动使她患了心脏病和高血压，虽经多次住疗养院休息治疗，病情未根本好转，延至77年得了脑血栓，从此未能完全康复。连续三年德周对碧芝的病的治疗与照料尽了一切最大的努力，无论在医治、护理、生活安排、精神安慰上都使硕芝志到临终，未有半句怨言。然而天有不测的风云人有旦夕之祸福，1982年12月19日在楼下晒暖，由于袜烟搀扶不慎跌地所致"脑溢血"经抢救无效，于1982年12月21日离开她亲爱的丈夫与儿孙们与世长辞了。

纵观硕芝一生除58～61年三年间蒙受了极大的精神与生活上痛苦外，基本上是幸福的。她品德高尚、待人忠厚、工作踏实、学习认真、爱情专一、持家勤俭，坚持真理、不畏强暴等等美德，使得子孙后代很好地向她学习。

1985.4.10.写

黄山游毕赴南京　　1986.7.6.

黄山峰峦多峻秀，两度攀行又封程。
今逢校方组织去，七旬老翁比后生。
东去列车人蜂拥，同行礼让得安神。
芳子随侍志肺腑，一夜劳顿抵金陵。

晨游中山陵　　1986.7.6.

钟山夜雨犹未停，晨阴伴游中山陵。
中外游客人如织，瞻仰一代伟人容。

南京街头巡礼　　1986.7.7.

南京街头人熙攘，物价高昂胜汴京。
一宿店费四元整，小酌便多五元零。
教师工资虽云涨，月入难支数日行。
商贩封手万元户，文化技术不值文。

夜行去屯溪　　1986.7.7.

夜乘览车旅客稀，硬座权当卧铺席。

旅途睏倦即成寐，黄梁一夢到屯溪。

初登黄山　　1986.7.8.

老翁不畏登山难，岸头维艰敢高攀。
峭壁如屏似无路，山回路转登九苍。

山峦叠嶂峰峦险，攀登直上青云天。
少壮尚且欲止步，路遇贤翁忍志坚。

黄山具有华山险，登阶仰止胜泰山。
穿越峡洞似猕猴，腾步白云恍若仙。

千八王岩光明顶，逐级登临两日程。
俯视群山尽入眼，雾海云穿人若腾。

沐浴于黄山南温泉　　1986.7.10.

温泉清透益人体，独人丈池任翻腾。
登山数日肌肤紧，洗澡搓揉一身轻。

黄山观日出　　1986.7.10.

凌晨摸黑登北海，人群涌动面向东。
久待微白云浮现，顷间金霞漫达空。
红颜初现五彩衬，似火巨轮出彩丛。
抢拍镜头分秒後，日出美景瞬发中。

太平湖　　1986.7.11.

太平湖水平如镜，群山环绕景宜人
小舟徐徐入诗画，心旷神怡忘凡尘。

参观九华山僧尼念经　　1986.7.12.

信徒虔诚凡难解，僧尼散居九华山。
斋前向佛念有词，傍晚群僧又拜参。
钟磬木鱼声有节，诵经喃喃显抑扬。
俗人不解其中意，何谈超渡上天堂。

杭州西湖泛游 89.8.1.

三潭印月湖心亭，中山公园孤山行。
岳庙浩气冲云霄，灵隐佛光朝群生。
玉泉花港繁似锦，观鱼园内巨金鳞。
不是诗人爱吟句，权留纪念忆今辰。

泛舟运河 89.8.5

平地开河古创举，千万人民付辛劳。
沟通南北树伟绩，亘古迄今仍畅行。
泛舟河上去苏州，和风习习心肺润。
两岸灯火看不尽，一袒朦胧到苏城。

苏州园林 89.8.6.

长廊迴转绕园景，曲径通幽别洞天。
山石积洞似盆景，明明暗暗又显形。
山亭楼台入水榭，凭栏观鱼悟怡情。
曲折桥上看荷花，叶珠花蕊浸润心。
园林不大天工巧，匠心构思特新颖。

復去旧地长堤街　79.6.21. 汉口

旧地非旧实似旧，楼楼宇犹如昔。
街沿竹床和小椅，老少挥扇未曾息。
忆我少年亦如此，为何今天仍存迹。
先烈壮志仍未酬，实现四化急々々。

黄埔王书林军医、连长张玉振经年查寻於89年在郑州河南省黄埔军校同学会获得我的通讯地址，鸿传鱼雁，始得於91年4月21日由河南临颍乘汽车相偕来汴，阔别四十五年重逢於开封，怀旧论今其乐無穷，为纪念此次聚会作打油诗一首并由王振宇兄书写成幅以资留念

重逢　91.4.24.

人生难得几时欢，故旧重逢味深长；
历尽沧桑风华谈，还存余兴度晚年。

遊太湖　89.8.7.

久闻太湖风光美，步履蟠径顿清新。
山林密处楼台显，下俯幽径趋凉亭。
一桥横卧深谷间，徒游处处能悬身。
循径登降到鼋头，湖光山色润凡心。
偏々渔舟美如画，壤游云天不思尘。

我的回忆录　　1994.10.20. 开笔

我的出生地与家庭：—— 去世2004年八月十五（农历）2004年9月28日（公历）

我于1916年旧历五月十二日午时（1916.6.12.）出生于湖北武昌都府堤曹坊巷一个封建式地而晚辈又富革命精神的家庭。父亲沈俊卿字云驹原籍江苏吴县木渎镇，宗祠是《砚耕堂》地在该县五都八图。我知祖父曾任湖北襄阳知府。父亲曾任湖北省官钱局股票组长（我相当于现今银行的董事长）和湖北造币厂的总稽核（相当于现今的总审计师）在湖北金融界有一定地位的人物。父亲娶了三房妻室，~~大房妻室~~，大房周氏生了大姐沈咏芝、二姐沈保秀、三姐沈振、四姐沈保英、大哥沈光辉、二哥沈光旭。二房李氏生了五姐沈保俊、六姐沈保珍、三哥沈光樑、和我沈光祖（三个哥哥去安徽自己改名沈继周）三房×氏未生子女。这样个封建大家庭全靠我父亲一人挣钱养活。老家没有土地收租，我们在曹坊巷住的一幢三进大院有后花园公馆式的住房是我父亲购置产业。这样的封建官僚家庭其内部矛盾的复杂性类似矛盾所写小说《家》的内容。这个所谓"书香门第"在那清末民初国家积弱，外受帝国主义侵略，内遭军阀割据的时代，家庭内部也呈现新、旧两种思想的抗衡，父亲当然表现为封建保守的，一家之主唯我是听，表现在儿女婚姻上为父母之命媒妁之言，女人只能困守家园，女儿只能在家读家馆，与社会隔绝，琴棋书画、刺绣手工、三从四德为教育之本，男儿读四书五经争取功名入仕途。但社会潮流的冲击，封建式的家庭终于要被冲垮的。首先是革命先锋、青年革命领袖恽代英的介入，代英是我二姐夫，聪颖过人，才华横溢，是我父亲的爱婿，在他的影响下，和兄姐们的争取，二哥和三姐以下开始进入学堂念书，受到新潮的洗礼。二哥在武昌中华大学附中（校长就是恽代英）学习时就参加了代英领导的共产主义组织《利群社》，并成为小组主要成员，以后入南京东南大学学习，因自由恋爱问题，被父亲责令休学返汉，二哥沈光耀为抗拒父亲的责备，投长江自尽，

保守的家庭

革命思想冲击家庭

当被船夫救起送家，这一下父亲被迫让步了，婚姻问题仍未批允，但同意二哥转入武昌师范大学（现在的武汉大学）继续学习。这一风波并未就此了结，爱情问题得不到父亲的谅解，思想上的压抑终至成疾患了"神经病"。父亲是武汉经融界的头面人物，"家出不幸"大失体面，遂把二哥用脚手镣铐起，送到武昌东南城角宋家花园内自修木牢，派专人看守照护，直至1925年父亲逝世后始被释放回家。家庭出此巨变，一切幻想皆空，二哥的神经病从此痊愈。在家休息一段时间1926年北伐军光复武汉，恽代英也随北伐军进入武汉。根据党的指示，恽代英主要的任务是参加中央军校政治部的工作。1927.2.12.在武昌两湖书院中央军事政治学校正式开学（黄埔五、六期学员并成立了女生队）学校领导是委员制，实际主要由恽代英负责并担政治总教官。这时二哥也进入中央军事政治学校任秘书紧随恽代英左右工作。宁汉分裂后汪精卫与共产党短期合作反目，1927.7.15.汪精卫

父亲去世后家庭巨变

终于撕下了"左派"的面纱，露出了狰狞面目，公开叛变，共产党人被大另屠杀。武汉军校内部也

宁汉分列

两派公开对立，在这种白色恐怖中，为保存党的实力祇得宣布武汉军校解散，恽代英召集全校师生中的共产党员的大会，讲明形势，嘱咐学生要听候党组织的安排，每位同志都是一粒革命种子，无论撒在那里，就让它那里开花结果。二哥沈光耀随恽代英辗转到南昌参加了"八一南昌起义"，起义失败后，二哥随军向南转移，不幸途中病故。

大哥沈光辉生活在父亲掌权势家境优裕的时期，未闻他有立大志创大业的传说。婚姻是家庭包办的，在我记忆中（时年三岁）大哥结婚时是非常排场的，从大门直至三进大院均张灯结彩，宾客盈门，欢声笑语，此起彼落，觥筹交错，热闹非常。

大嫂虽出自世家，知书达理，但仪表不俊，难得大哥的欢心，婚后感情不好，难免在外有些放纵。父亲闻悉后，大发雷霆，堂前教子家法频施，但严惩并不能解决思想问题，反而父子成仇。1924

旧家庭破了

年，投奔广州黄埔军校在恽代英麾下任职。1925年父亲病危电召返武汉，未久病故。大哥成了这个形将破落而又复杂的家庭之长，由于父亲在武汉金融界有一定声望，丧事办理马虎不得，在家停柩四十九天，逢七由和尚或道士念经诵佛，亲朋悉至，出殡时更是牌匾执事、车轿连乘、送殡队伍逶迤达二里许。封建社会里铺张浪费之巨令人咋舌，嫁给家庭的後果也是可悲的。一应显赫的丧事办完后父亲遗留下来一点家私几乎殆尽，这样已经破落的家，十九口人的生活又无收入，大哥这个"家长"如何支撑得了，终于积劳成疾父亲丧事办完仅月余，大哥也离开了人间。至此群龙无首，家庭彻底破落，本不一心各房祇得是各奔前程，劳燕分飞了。

三哥沈光棵，父亲去时不过十五、六岁，读过私塾和小学，文化程度不高，家庭破落后无以为生，奔赴到黄岗参加了恽代英、林育南创办的半工半读的《浚新学校》自食其力接受新文化新思想。又回到武昌参加了恽代英创办设在武昌大堤口《利群毛巾厂》工读，成为利群社成员，积极学习与宣传马列主义学说。未久接受利群社的指派，参加地下印刷工作。当年条件，印刷秘密书刊文件，祇能採用石印，據作时人的腿部须站在石板附近，久之受寒大腿倒患了骨炎，化浓穿口经常流浓，大家经济条件都差和当年医疗手段不先进，住院治疗一段时间不见好转而致死。

大姐沈詠蘭在家館就读，頗具文才精善詩词。及長，由家庭包办许字周小舫，婚后夫妻感情甚篤，生大女以維、次女以持、儿以奋，周小舫从事銀行工作，曾任江西景德鎮中国銀行、南昌中国銀行行長，1938年因经営上的失败抱病而逝。1940年以后，大姐接来大女儿以維在西安生活。斯时我也在西安中央军校第二军官训练班任大队长（1947年）姊弟得以常聚。大姐纯朴忠厚待人诚恳，姊弟聚谈往日家事，大姐常自责没有照料到我少年的苦难而惭愧，而对我的妻子沈啓芝和儿女聪、玲格外亲切，使我们享受到不少人间真純之爱。解放后随其子以奋在北京生活，其时四姐沈保英、五姐沈保俊均在北京，我在开封四中任教，每利用暑假去京姊妹相聚，以慰远思。文革期间大姐在京病故。

二姐沈保秀在家馆就读，略具文才，及笄家庭包办许字恽代英，结婚后，代英由于新思想所使，婚礼毕不入洞房仍居与新房相通的书房内，攻读写作，独善其身。二姐三天回门，哭诉苦衷，家人只好劝其忍耐，女儿出嫁已是婆家人，三从四德仍须遵循。二姐回婆家后，侍奉丈夫，遵守妇道，虽属名义夫妻，每日照常去书房侍茶奉水。久之潜移默化中淡淡地建立一些感情，代英常以书面向二姐宣传妇女解放和男女平等婚姻自由的道理。二姐读后思想产生了共鸣，复书中对代英的说教深表敬佩，并愿为中国妇女的解放而献身。从此住常在一起，交流革命思想，逐渐成为志同道合的同志和伴侣。这段婚礼后再谈恋爱结婚的故事，似属奇谈，然而竟是真实又实。这说明当年的代英不仅是个解放人类、挽救国民族的理论家，宣传鼓动家，而一切从自身做起的实行家，在他短暂的生命史（1895.8.12.出生——1931.4.29.中午被蒋介石枪杀，终年36岁）

二姐

牲，从12岁起著文，写了大量革命文献，导演了无数次革命史诗，成为当年公认的青年革命领袖。至今仍为人们推崇与怀念。（已见出版的著述有：恽代英日记、恽代英来鸿去燕录、恽代英文集两巨册、恽代英传、回忆恽代英、恽代英学术讨论文集和报刊、杂志登载的专论）。

1918.2.25，二姐因难产而去世。恽代英到我家跪在我父亲面前说："保秀已去世，我十分悲痛，要为保秀守义，从此不再娶。"我父亲说："男子大丈夫，三妻四妾不为过，何谈不再娶？"这件事轰动了我的全家。我稍长懂了后听家人谈及这个故事，令我万分敬佩，他的男女应该平等思想和尊重真实感情的精神铭刻五内。在我与爱妻沈醉芝共同生活数十年间一直在向代英学习，互敬、互爱、互依、互助，善始善终地了结这个情结。

三姐

三姐沈振就读于湖北省立第一女子中学，毕业后，家庭包办许字胡志新，结婚后感情较好，生爱林、辟林、芳林、咪咪子女等五六人。胡志新在武昌中华大学毕业，终身从事教育工作，在武汉中学、商专等校执教英语。三姐在武昌省立实验小学任教。两人工资收入不算少，日子过得很好。两人工资中积蓄在他家大宅后院盖了上下两层约百余平方米的小洋楼，在当时看来格式新颖，光、风通畅，卫生舒适，有别于老家平房大院。由此看来旧社会教育虽不发达，但教师待遇可糊口有余。他们与恽代英虽有往来，未闻胡志新有积极参加社会革新的活动。1937年三姐因怀孕难产而去世。胡志新亦于五十年代去世。其子女有的从事电子技术工作，有的参军从事医务工作，已多年未与联系。

四姐沈保英1921年考入武昌第一女子师范就读，当年在家时，代英常来我家为弟妹们补习功课，四姐每常受到新思想的熏陶。代英每常利用我家深宅大院便于隐蔽的地理环境召开会议，这样我家弟妹无形中受到革命思想的感染。四姐读师范时经常收到代英寄来的《中国青年》等杂志，它在同学中秘密传递阅读，自然激发了部分同学的革命热情。1924年四姐秘密地参加了中国共产主义青年团，1925

社会

年转为中共党员。1926年女师毕业，分配到武昌省立第一小学任教。这年秋天，经北伐军光复的武汉，知识界的革命思想异常活跃，在共产党人的组织下毛泽东主办了《农民讲习所》工农纠察队。英帝国主义在汉口制造了"一、三"惨案，激怒了武汉觉醒的人民，五日市民举行了三十万人反英示威大会，在人民的强烈要求下，当时武汉的国民政府派军警收回英租界，大大激励人民群众热情。省立一小和其他学校的教师迫切需要了解当前的革命形势，经四姐特邀恽代英到校演说，他精辟的分析，慷慨激昂的词令，配合他挥舞强劲的手势，使听者折服，沸腾的热情，使人们急欲投入革命的烈火，献身于"打倒列强除军阀"为复兴民族，振兴中华的洪流中去。会毕四姐去送代英出校门，时代英提邀四姐同往大东门外二姐沈保秀坟上去去。到坟墓后，代英与四姐并肩默哀后，代英个人念念有词的说："我为你已守义十年了，目前形势发展很快，我的工作特忙，身旁急需有个助手。四妹已经长大成人，她也是个无产阶级战士了，为了实现我们共同的理想，我希望她能和我并肩战斗。你九泉有灵，会同意我的心愿吧！”

一月十六日（1927年）恽代英请了一天假，在武昌得胜桥恽宅，与四姐举行了简朴隆重的婚礼，结束了十年鳏夫生活。从此，他们并肩战斗，为共产主义而奋斗。（他们婚后历程参看《回忆恽代英》一书。）四姐1989.6.逝于北京。享年85岁。

五姐沈保俊青年时代在武昌第一女子中学肄读，未待毕业将她许配给周桂青为妻，嫁往河南开封。周家与沈家是世交，均为江苏同乡。桂青的父亲在满清时担任过几次钦差，手头有些积蓄，古董玩器颇丰，家境还过得去。但一个接受了一些新思想的青年女子进入这个封建家庭思想上是苦闷的。夫妻感情尚过得去，但丈夫是个一般小职员，仍需依靠父亲生活。一个儿媳妇的身份，加上家里明争暗斗，日子不好过。五姐是个好强好胜的性格，为了摆脱封建家庭束缚，在一位进步的女士帮助下毅然离开家庭到外县教小学去了。那个封建社会，青年女子外出谋生，必然引起许多流言蜚语，五姐顶着巨大压力，终于冲出一条独立生存之道。由外县而省城开封，教师、教导主任而校长，成了自己的终身职业，家人亦刮目相看，一反常态而尊之敬之。五姐的经济独立，我也深受其惠，她的经济支援，使我从流浪生活结束，得继续入中学、读大学，奠定了我的文化基础和人生的开拓。五姐性情开朗乐于助人，颇受亲朋的推崇。晚年随其女闫以炎生活，为他们操持家务教育孩子，使他们安心工作，事业上各有成就，孩子（外孙女）也茁壮成长，大学毕业后，在工作中表现突出，事业顺利，直到外孙女结婚成家后的当年冬天（1991年），含笑离开了人世，享年八十五岁。

六姐沈保珍，在我父亲去世时，她才十四、五岁。家庭的中落，生活维艰。十六、七岁时由家许配给开煤店的老板徐志强为妻。徐志强年龄比六姐大六七岁，破落的家庭退婚，只求平安生活，何谈门当户对。婚后生大女儿大毛，这孩子活泼玲俐，很得我的喜爱，这时我在湖北一中上学，假日常去她家看小外甥女，发现六姐不善教育孩子，斯时五姐，勤奋于教育事业，收入较丰但身体较为虚弱，曾两次流产。六姐生育二胎名国生，也是个

六姐

女孩小商人家庭对女孩并不主贵。我认为五姐两次流产，今后生育可能成为难题，我提议将太毛过继给五姐为女，这样孩子能在较好的环境中成长，而且由不主贵变成主贵了。经与双方协商获得大家同意，太毛两岁多由五姐接回开封抚养教育。事实证明我这安排做对了，太毛以后改名闻以熙在广州中山大学医学院毕业后任妇产科医生最后成为主任医生而退休。

1936年徐志强投靠在南京任军政部长的远亲，当上了无锡军政部某粮食仓库的主任，当其获得丰富的外快以后，变本忘形了。吃喝嫖赌大势挥霍甚至另娶外室，乐而忘家。六姐在武昌获悉情况后，带着儿、女各一，奔赴无锡，大闹一场把问题解决了。未久徐志强患病，他们全家返回其大哥处求医治疗，经诊治无效死去，六姐祇得依靠婆家大哥生活，未久唯一的儿子也去世了。寄人籬下终非久计，1937年暑假，我母亲和五姐一家因避日本人从汴到武昌，时日机经常轰炸武汉，经同事学好友廖某建议叫我把全家迁居他老家新堤乡里避难。暑假期间送他们到了新堤廖家我又返回学校。此后河南省府亦流亡武汉，姐夫归队后去武汉，留下六姐和外甥女同生在廖丹家寄居。随抗日战争的失利，我和姐姐们全部失去联系。她孤零伶仃带着同生，经常租小船贩运柴炭到武汉出售，某次日军中途乘汽艇上船检查，受惊而病，终于死去。她在病危时把身边的同生交给朋友当了童养媳。她的短暂的一生，可谓痛苦的一生，在日军蹂躏敌占区人民的日子里她孤身无援，遗恨而死，年仅卅岁。

在那半封建半殖民地的旧社会里，祖国人民几无例外地都生活在水深火热之中，要解放要斗争才是复兴民族振兴中华之道。我的三个哥哥都参加了推翻旧社会的行列，为革命做出了不同的贡献和献身，四姐从青年时代就成为一个无产阶级革命战士为人民奋斗了终身，五姐冲出旧家庭成为一个新女性，为人民的教育事业默默地奉献着。他们都是新中国的奠基人，人民的好儿女，值得我永远怀念。

一、我的幼年时代：——

在封建大家庭里，我们兄弟姊妹十人，我为小。父亲係我起乳名叫"喜宝"，顾名思义，我在家庭中是比较吃得开些，但也说不上骄惯，父亲对我仍然是要求严的。生活上稍有特殊。每晚父亲回家吃饭是独人食用，菜肴均由我母亲亲自掌勺（家人吃大灶由家里厨师做）色、香、味俱佳。我是唯一经常在父侧陪食者，但不许随便夹菜，由父把菜夹我盘中就食。但端碗执筷均有要求，做到食相文雅，荤、素兼食。偶尔也带我上街逛盘塘吃西乡、大菜，感到十分幸福。约四岁送我上湖北一小幼稚园并升入小学一、二年级就读。稍长送到私塾读四书五经，死记硬背读得乏味。有时逃学逛街。如被父亲知晓就得罚跪在中堂祖宗牌位前。家人均不敢讲情免罚。有时困乏打盹，常是家里佣人搬个方凳让我伏睡，直到父亲发现了，这才叫起来回房就寝。可能是发现幼年若读私塾效果不好，改送我到省立模范小学继续学习。及至1925年父亲去世，其时我才十岁，家境中落而失学。

二、艰苦的青少年时代——

父亲去世，大家庭彻底崩溃，各房分居各自谋生，我房祇剩下三哥光樑、六姐佳玲、母亲和我。五姐佳俊在父亲在世时已出嫁在开封。三哥为了学习与成长去了湖北黄岗共产党人恽代英、林育南等创办的工读《濬新学校》，未久六姐嫁给了徐志強，剩下母亲和我苦苦度日。少年失学經常街头流浪。因而目睹了許多社会現象；諸如亲戚反目，冷眼相看，"硃门酒肉臭路有餓死骨"、娼妓招搖于市，腐朽現象不一而足、外国水兵隨意侮辱平民，窮人煎熬在水深火热之中……凡此等等，结合自己窮困的境遇，激起我反抗的怒花，立志要苦学成材，首先解放自己，而後解放人民。十一岁的孩子能产生这样的进步思想也非偶然，这与旧家庭的腐朽和兄姐積极参加革命感染有着誘发关係。但窮困的生活已使我难于解脱，點點痛恨之情不过是鏡花水月，可望而不可及。

三、小贩生涯

1926年北伐军攻克武昌，国民革命军纪律严明秋毫无犯使人民安下心来。社会安定生活又趋正常。我家居的隔墙是武昌体育场，内面駐紮着张友奎的"铁军"。官兵不经准假不得外出。在一角落里穷人为了进入体育场拾柴禾打了一个一米半径的圆洞，我这个穷孩子也常哈腰进去拾点什么以维生计。一天我跑到露天游泳池森林密处，发现一些士兵在那偷偷地赌着钱，出于好奇心站在人圈外看热闹。有时某士兵赢钱了，就叫我给他外出买点香烟之类的东西，买来了常给我一两角钱报酬。经过两天我积攒了两块大洋。这些士兵对我这个穷孩子很好，在他们开饭时就带我去吃饭。这几天我算吃了几顿好饭，但是妈妈仍在家艰苦地煎熬，为了能养家我手头的两块钱买了些香烟、花生、瓜子之类东西提篮到聚赌处做起生意来，方便了他们我也得利，同时与这一群人混得很熟，其中有些伙夫的，不但管我吃饭，还把做饭剩下的锅巴送给我拿回家糊口，这一段时间家里生活过得不错。大概不到一个月这部队开拔了，我也失业了。这一段经历使我认识到：1. 天无绝人之路，只要艰苦劳动掌握住机会就不会饿死。2. 吴佩孚的军队欺侮打骂人民，

小贩生涯

军纪涣散使人深恶痛绝。張发奎的"铁军"纪律严明秋毫不犯受到人民的支持与欢迎。这两点在我黄埔出来以后工作与带兵时,受用不尽。(当然还有其他许多因素)

当学徒

未久经人介绍我到一家私人医院当学生(学徒)。管吃无工资。院长姓鄒,还有两位大夫,他们是医科大学时的同学。这家小医院前后两进院,楼上楼下有廿几间房子,规模不算大,但他们都是医大毕业且医术不错,就医的人还经常有的。我是唯一的护理人员。医生每晚教我学拉丁文药名和一些外科换药和包扎常识,我还是非常精心学习的。一个多月以后,我正式上岗了,外科病人我在医生指导下为其换药,药房我担任司药,收费取药。十二岁的孩子能担此任,今天看来不可想象,但是我一步步走过来的。医生认为我聪明能干,决心培养我成为合格的护士,我也觉得很有奔头。

当学徒

可院长娘子,虽是女师毕业有知识有文化,却像家庭妇女一样,待人刻薄,家里佣有老妈子和厨师仍把我当成佣人看待。首先让我与佣人一起吃飯，伙食也不算坏，吃了几天，我感觉不是滋味。认为当"学生"应与佣人有别。穷不能让人看不起，我也大家庭出身，什么规矩也懂，小看我难以忍受，于是向院长反映，要求与医生共一桌子吃飯。院长究竟有些新思想，同意了我的意见。院长娘子当然不好反对，祇是在我夹点好菜吃时用眼瞪我，这些我也不在意，反正我胜利了。打扫卫生我管诊疗室和药房，其他处我不管，因有老妈子打扫，院长娘子也没说什么。可有次她的小孩拉屎了，叫我扫净，当面我就提出抗议。我说："我是来当学生的，扫屎是佣人的事，我不干"她也没奈我何。两位医生对我很好，认为我有骨气，好学习，认真教我学护士知识，当然我也很尊重他们。有时医生閒暇时叫我替他们买点烤白薯、花生之类的东西，我都愉快的照办，我认为尊师是我的本份。我在这家医院干了将近半年时间，终于讨厌院长娘子刻薄，我自动离去了。

△　回家后仍无事可干，附近有个军医院，我常去看热闹

当护士兵

當護士兵

斯时医院正替士兵打预防针，我看得眼热，遂向在场医生说："让我试试"，医生说："这不是好玩的"我说："我当过护士，作过肌肉注射，只要用消过毒的针管针头，左手食指压着针头，右手大姆指压着管塞，快速将针头扎入臂部三角肌，慢慢把药液注入，然后右手姆、食、中指舒着酒精药棉压在入针处，右手掌握针头和针管迅速抽出，不就完了吗？"医生笑笑说："你这孩子真懂的不少！现在正忙着需要人帮忙，你就留这儿帮忙吧！"从此我就成了这个医院的编外护士，约两个月的时间，这医院要调到北平，母亲觉得我年幼，不让随军远去，又回家了。好在不久五姐冲破婆家层层阻挠，参加小学教师队伍，自己经济独立来函叫我复学。

再獲學習機會

失学两年多的我，在五姐经济支援下，积极自学语文，数学，插班考入汉口市八小学六年级攻读。经过两三年流浪生活，久到不少社会丑態，深知没有文化，难以出人头地，自觉地刻苦学习，在汉口八小毕业，决心要考入省立名牌第一中学。整个暑假天气异常炎热，我到附近一家当铺高墙的一角，既安静又凉快整天仿自学苦读，买了一本《百科常识集》有关语文、算术、自然等类，读、算、写练，学习的内容远超过小学学习内容。报考时，一般家庭条件较好的都是报几所学校的名，每报一学校要报名费一元，当时一元钱够我一个星期的生活费，穷小子虽有五姐的支援，也舍不得"浪费"分文。孤注一掷祇报了名牌省立一中的名。这所学校不收学费，质量很高，只招一个班四十名学生，但据说省内省外报名者达一千人以上，经过一天的数学、国文、自然三门学科考试，下来后自以为考试成绩不会坏。到放榜日赶去看榜，心情仍很紧张，强手如林，谁知能否得中？看榜时从榜尾看起，越看越没自己名字，心想这下完了，紧张而又耐心地往前看，及至榜首第二名，发现了我的名字，这可乐开了怀，三步合两步赶回家向母亲报喜，自然母亲也乐开了怀，嘱我刻苦学习，要立志重兴家业，扫尽亲朋白眼。

投考名牌中学

勤奋一学年且苦读

一、这所学校在全省来说，历史最悠久，设备最完善，品学要求最严，且教师均一流，全校高、初中共十二个班，单班制。学校图书馆藏书为全省各中学之冠，篮、足、排球场俱全，说这の未，花木葱翠，环境优美，教室、自习室分设，宿室每四人一单间，大礼堂能容千人，饭厅供五百人同时就坐，洗脸间、洗澡堂盆可供数十人一次使用。我看比陕西一般大学毫不逊色。更重要地是学习要求高，管理严谨，绝大部分学生在校食宿，平时学生未经请假不准外出，校风正，学习刻苦而自觉，生活简朴纯正。每逢星期日图书馆自习室都是满满地，是一个敦品励学的好天地。全校主管学生生活学习的就祇两位训导员，高、初中各一，他们的任务也祇是自习室默默查位点名和就寝后查房，各班自选一个班长不设班主任。每周一上午第一节课全校学生集中大礼堂做总理纪念周，由校长廖西屏或教导主任张××讲些敦品励学或学纪卫生等内容，基本不涉及时事政治。但历史课老师结合课文讲了些清廷腐败军阀横行帝国主义侵略等内容激励同学爱国主义精神，偶然在教室课桌里发现共产主义的宣传品，但无公开活动。这所学校基本闭门读书的学校，图书馆置有各种报纸杂志，能涉及些许进步思想，由于学习紧，很少有同学去

勤奋苦读

一点抗日浪花

探讨国家大事。1931年日本帝国主义侵略占领了我国东北，激起全国人民的愤怒，各中等以上学校的学生沸腾了，纷纷上街游行宣传日寇罪行，用行动抵制日货。但这一时期正乃蒋介石剿共高潮，当局戒备森严，学生的爱国行动受到严格监视。武汉当成立了抗日救国学生总会，我被选为湖北一中初中部参加总会工作的代表，到武昌阅马场原省议会礼堂参加了几次代表会议，慷慨激昂地一通发言，难以付诸行动，也就风消云散了。现在看来学生的抗日激情是高昂的，但当年正处于蒋介石的反共高潮，失去了共产党的领导，全国范围内缺乏带头人，抗日运动难以展开。但给同学们的印象是深刻的，认为国之将亡匹夫有责，一待时机成熟，当披甲上阵，把日寇驱出国土。通过这一次短暂的抗日学生运动，使我获得组织能力的锻炼，认识到要救国得靠群众的力量，还需要有较高学识、能力与体魄。结与同宿室的陈辉林、廖升等三位商量，以我们为基础成立个《五育促进会》从德、智、体、群、美五个方面严格要求自己，以期成材在班内组织「五育促进会」

将来报效祖国。每夜我们起床铃以前半小时悄悄起床，带着洗脸用具到大操场，把用具放在洗脸间，即上跑道跑三圈（1200米）然后到后山由廖教我们打少林拳，约半小时后下山到洗脸间洗脸后回宿舍。这时其他房间同学才起床，我们却已到自习室或操场、花园读英语。七点廿分开早饭，吃饭后稍休息，取得课本上教室，八点钟开始上课，十二时午饭，饭后到自习室练大小字。下午二时上课，两节课后课外活动，有时我们打打篮排球，大多时间还是到图书馆翻阅我们喜爱的书籍杂志。图书馆能看到鲁迅、矛盾、巴金等进步作家的著作，给我们灌输了反帝、反封思想。但资本论、共产党宣言一类已成禁书无从阅读。语文老师鼓励我们阅读三国演义、红楼梦、水浒、儒林外史、官场现形记…等文学名著，学生要浏览一遍，有时也翻阅经、史、子、集，没有时间系统去读，偶尔翻阅参考。另外我们《五育促进会》也把我们的图书集中起来放在宿舍书架上供同学阅读。在德、群、美方面，我们采取座谈、交友、互励、互助等形式来促进，使我们这个小组织获得敦品、励学、健体、团结、互助等良好效果。未久我们小组织的活动为左、右宿室的同学所发现，纷纷参加了我们组织并推选我为会长，成员达到十余人。我们的活动也被学校当局所发现，经暗查未发现有政治内容，没有作任何干预。在某一次会员座谈会上有人提出，食堂老板所承包的伙食质量太差提出自办，经我与高中同学联系希他们公推一代表共与校长交涉。我与高中同学代表彭××一起向廖校长提议自办，校长答复：你们学习重要那有时间自办伙食。碰了壁当然不会罢休。四百多同学我少，人数不算大，经与初中代表研究，采用软拖办法，使老板赔钱干不成。我们办法是：菜饭不好找老板算帐，首先是找老板面对面的讲理，同学们乘机起哄，敲盘敲筷，满堂喧嚣，校长闻之即来训斥。当年学生还是很怕校长，当其在场暂时平静下来，一走又复起。这样乱了几阵，校长仍未批准我们伙食自办，于是我们又改变了斗争办法，即吃完饭捎点汤趁我饭碗出饭堂即抛入鱼池，经过几天老板损失[illegible]不少，看来要干也干不成，这种无声的斗争方式校长也没奈之何！未久老板提出不干了。校长就宣每班选一个伙食

争取伙食自办

代表共十二人组成伙食委员会，我被选为伙委会副委员长，这一段时间我耽误了不少学习时间，但为了搞好同学伙食还是高兴的，但也提高了我的组织能力和摸清了些市场规律。每人每月包伙费是六元，早上四盘小菜馒头两个稀饭随意。午晚多三荤两素一汤，大米饭随意，六人一桌按说数量是够了，但质量差。按我们估计这样的伙食在武汉物价四元五角就够了，剩下壹元伍角自然是学校校长和老板侵吞的。如此这般学校当局是不愿学生自办的。既然校长答应了，总务人员不能反悔，但从多方面和资金上卡我们。只支给每人五天伙食费（即每人一元）让我们开办限三天开伙，老板则扬言锅、碗、瓢、勺是他私产，届时全部搬走。这样一来，使我们难以接办，但同学们没有退缩，再困难也要如期开伙。经伙委会开会研究决定：首先把掌饭案、锅三位大师傅争取过来，让他们帮助解决。由两位正副伙食委员长找三位大师傅谈话，我们问："你们每月工资多少"。回答："每人月工资十元"。我们说："我们每月给工资十二元，伙食办好了有节余，再按节余多少还有发奖金。凡能省的开支我节省，节约的多发奖金，如何"？他们答："我们愿替先生们干，不但能多领工资，还能得奖金，有啥不好？先生们说吧！有啥困难我们也帮助解决，保证先生们能吃好，还能省钱"。我们说："非常谢谢你们的支持，我们绝对按协议办了。但目前有一困难，炊具老板要带走，目前那来钱添置炊具？请你们帮助想想办法！"他们答："有些大炊具是学校备置的，碗筷之类由我们与老板商量，不让领走，等我们宽裕再给补偿，如何"？我们说："这样太好了，谢谢。至于打杂人员们由你们选选，一切都拜托了"。另外每天派两位同学监厨和採购，由各班轮流派出，我俩个正副委员抽暇到厨房检查并听取监厨汇报及时改进工作。另外米、煤、肉是由伙委会去联系好的定点供给。第一次外出联系时，店主听说是学校伙食团都格外看重，首先是买物均可领回扣"，我们根本不懂啥是"回扣"，店主解释说："买店里十元钱物品，退给经手人一元钱作为回扣"。我们说："自己办伙食，那有从中渔利之理，我们只要求价廉物美就满意了。"店主说："既然不要回扣，就降低售价。至于算帐可用《摺子》登记，按月或按季度结帐，不要每次交現錢"。这一会回使我们喜出望外，不但手头活动金宽裕了，而且一个交代，货物就送到学校了。经过这段安排，顺利地如期开伙。第一次午餐就把原老板的"盖浇菜"改成了"实心菜"大碗鱼肉上桌，吃到底没假，同学们一阵赞美声，吃得津津有味，我们特别叫几位大师傅到飯厅看看，他们也高兴地微笑了，并说："我们一定叫先生们吃饱吃好"我们也当面予以表扬。另一改進是星期天按登记人数开飯，许多星期天回家或上街的都主动登记，开飯时按登记数多开两桌，使未登记的也能就食。这樣每月又节约许多钱，一个月下来继续吃饱吃好，并核每人每月应摊伙食费才四元六角。宣布之余掌声雷动，我们伙委会得到鼓舞。期终我们举行了聚餐，请校长和老师参加，校长即席讲话，肯定了我们的工作成绩，鼓励我们更上一层楼。期末校长在我成绩单上写了评语："学习优良，少年老成"

1932年夏我在湖北省立一中初中部毕业，考虑到继续学习经济上有五姐帮助，如考高中还得上大学，否則只有普通知識，仍难找到工作。经反覆考虑，学工业技术，既能"工业救国"又能靠技术吃饭。经多方了解，湖南长沙省立工专办的比较好，教师水平高，实验室、实习工厂设备好。遂与陈辉林相偕去了长沙，省立工专共开四个科——机械、纺织、化工、电机。决心报了机械科，学校培养目标是技术员，毕业后学校可以介绍到各地厂矿当技术员，由于学校办得有名气，毕业生不愁没有出路。这样的学校报考（投考湖南工专）的人不会少，经过两天考试，放榜时终被录取。学校安排的课程：一年级主要是数理化等基础课，文史外语课、占时较少。课程紧作业多，作业做完一本投入作业箱，教师集中批改而后发还。整天忙碌紧张，星期天也很少外出。第二学年开始全部讲的专业课每星五、六下午到实习工场实习，理论结合实际。第三学年实习增加到两整天，着重对机械的操作、修理、与设计改进，老工人成了我们的朋友也是老师。认识到理论只有通过实践才能得到应用，也体验到工人创造财富的辛劳。这三年学习期内很少与外界接触，校内也少涉及政治活动，几乎是两耳不闻窗外事，快毕业时考虑到出路问工业技术，既能"工业救国"又能靠技术吃饭。经多方了解，湖南长沙省立工专办的比较好，教师水平高，实验室、实习工厂设备好，遂与陈辉林相偕去了长沙，省立工专共开四个科——机械、纺织、化工、电机。决心报了机械科，学校培养目标是技术员，毕业后学校可以介绍到各地厂矿当技术员，由于学校办得有名气，毕业生不愁没有出路。这样的学校报考的人不会少，经过两天考试，放榜时终被录取。

投考湖南工专

学校安排的课程，一年级主要是数理化等基础课，文史外语课时较少。课程紧作业多，作业做完一本投入作业箱，教师集中批改而后发还。整天忙碌紧张，星期天也很少外出。第二学年开始全部讲的专业课每星期五、六下午到实习工场实习，理论结合实际。第三学年实习增加到两整天，着重对机械的操作、修理与设计改进，老工人成了我们的战友也是老师。认识到理论只有通过实践才能得到应用，也体验到工人创造财富的辛劳。这三年学习期间很少与外界接触，校内也少涉及政治活动，几乎是两耳不闻墙外事，快毕业时考虑的出路问起，学校也组织了到外厂参观学习，使我们眼界扩大，获知日本各项产品以低价大量向中国倾销，日货冲斥市面，国内工厂生产的产品成本比日本倾销产品售价还高，迫使国内工厂纷纷倒闭，民生凋敝国力日弱，如此何谈工业救国？兼之蒋介石政府高喊："攘外必先安内"对共产党进行五次大围剿，外侮未之于外，墙阋之争于内，日寇除占领我东三省并成立满洲国外，其军事势力已扩张到内蒙、山西、河北。在北平附近成立了殷汝耕伪政权。眼看国已不国，我辈爱国学子，不再投笔从戎，拯救国家于危亡，更待何时？

为抗日救国投笔从戎

1935年夏我在工专毕业了，相邀几位热血青年偕往南京投考黄埔军校十二期。考试经初试一体检、笔试：政治、语文、史地、外语、数理化。复试：体检、笔试（与初试课目同）、口试。初试全国分区举行，南京即属一个分区。复试集中全国各分区录取生在南京举行。就报考生人数而言，全国范围内不下两万人，集中南京复试者仅数千人。初试发两榜，复试发三榜，历时约两月，激选之严可想而知。最后五榜共录正式生500名，备取生百餘名。入伍时拨来要塞砲兵学校百余名。十二期入伍生因疑除入学七百余名。按军校学制，普通入伍九个月，挂一等兵—上等兵军階。分科入伍六个月。结业后升为军校正式学生，学制两年。毕业后分到部队当见习官六个月而后才成为军校十二期毕业生。分发到各兵种部队当少尉排长。在部队根据个人成绩表现逐级晋升官階。普通入伍九个月，基本不准外出，住南京光华门外通光营房。每日上午均在课堂学习，内容为外语、物理、化学、高等代数、微积分、解析几何、哲学等、另有军事小教程：步兵操典、野外勤务令、内务规则……等。下午全是操练、射击、劈刺、体操、武术、野外演习等；从士兵动作直到排、连指挥能力的培养。其紧张程度如无健强的体魄和坚强的意志，难以坚持下来。九个月下来进行分科考试，主要还是笔试，根据考试成绩和个人的报志愿分为步、砲、工、通信四科，（因本期学生少，骑兵、交通、辎重……等科未开），考试结果我如愿以偿分到砲兵科学习，这时文理课程结束，专修砲兵小教程如：测量学、射击学、气象学、观测学……术科有骑术、驾驶、驭术、测量、观测、砲操、体操、武术、通

在黄埔军校习武

仅一有无线电电话一台。驻地迁到校部小营。学习方法是理论与实际相结合、课堂与操场野外互换，分科入伍比普通入伍较为轻松些，但节奏仍紧，星期天经过内务检查后放假，可以自由行动，但下午六时前归队点名，不得延误。星期天一般三两同学相偕外出逛大街，看电影或郊游，中午一般不回校吃饭，在街上吃个合菜西式小吃等，一元钱就够开支了。在外行动特别要注意军纪和军容，不得抽烟喝酒。街上经常有学校派出的纠察和宪兵纠察，稍有不慎就会被记下姓名，交给学校就得受处分。实际经过军事训练的军校学生，都很自觉未闻有违纪者。1936年双十二在西安发生"张、杨、事变"军校当局，以解救蒋校长于危难，全校各期学生均编入建制，全副武装待命出发，未久，经端纳，宋美龄、宋子文一的斡旋，张学良亲自把蒋介石送回南京军校，全校学生排列军校大门前黄埔路两侧迎接蒋校长回京。我们同学亲目睹了这一场面。这一事变对在校学生实际无大震撼，主要原因在校学生与外界隔绝，前后过程均不了解，孰是孰非，无从判定。当时不久发下一本"蒋委員長西安蒙难记"化面之言,同学们衹當看看而已。

1936年12月入伍生未升為"軍校学生"进入校部砲科学习。学习内容除砲科学、术科各课程继续攻读外,增加了战术学、兵器学、地形学、築城学等课程。隊職官有:总隊長、中隊長、中隊附、区隊長、区隊附、助教等。隊職官除管理学生外还兼任学、术科教員、各大教程和体育、体操、劈刺、武术……等均有專职教員。未設政治指导員,也很少政治课,當年要求軍人不得参与政治,衹是战争工具而已。这樣的制度看来是怕軍人干政,以维持蔣介石的独裁政权。实际上蔣介石的复兴社也滲透到学生中发展社員,不过極其秘密进行,估计入社的同学甚少数,活動的内容不得而知。1937.7.7《芦沟桥事变》震动了全校同学,但受到纪律限制,也衹能万分愤慨而已。37年"八一三"日寇进攻上海,紧接日寇大規模轰炸南京,軍校所在地直接受到威脅,本校十一期一、二总隊学生先后毕业奔赴戰場。我十二期学生总隊正在学习期。校部及十二期決定先迁九江,十二期在廬山驻海会寺,我砲兵隊另駐秀峰寺

分科学习

积极而紧张地学习。1937年底军校本部迁武昌，我十二期并于1938年元月到武汉举行毕业典礼，提前毕业分发到部队参战。我砲兵队大部同学分发到零陵砲兵学校尉官班第三期学习，主要目的是为成立苏联支援我大砲廿个团的装备、一俟火砲到达，就用这学生为骨干徵兵组团。同时在校学习苏联砲兵知技术。1938年6月，苏联支援之火砲到达，我被分配到砲兵廿团第二营任观测员，新官、新兵、新砲，要求经三个月训练开赴前线抗日，这项任务是非常艰巨的，新兵入伍首先要进行步兵训练，更困难的是砲兵技术训练，我带的观测班十二名军士，好在抗日期间，大量的知识青年参军，我测量班分来的全是砲兵教导团战士，已经过步兵训练略有砲兵知识，文化程度为高、初中生，在此基础上我每天上午为他们讲授有关的数、理课，并授以观测学，再分别对观测手、计算手进行个别训练，以期速成。经两个月培训，各军士可接受分配的任务，在我的具体指导下进行观测工作，配合火砲进行实弹射击。在完成实弹射击基点测量后，突然接到湖北新堤五姐来电："母亲病危，速归"经向营长请假

速成法练兵

借得部分工资，同学们解囊资助些，共凑够一百元(相当100银元)随即起程，坐汽车到衡阳，改乘火车到武汉，改乘小火轮到新堤，经三日紧张行程，赶到新堤天已黑透，在新堤廖舟父亲的药店问了情况，按捺不住思念母亲的心情，未接受廖舟父亲劝留一宿天明再下乡的忠告，当夜又上路了。乡下住处离新堤约廿余里，过去送母亲和五姐、六姐来乡下逃日本时，白天曾走过这条路，道路崎岖也不宽广，经约两个多小时可以达到新堤，而今心火如焚地赶路，也找不着问路人，凭着方向与印象，无头苍蝇似地乱撞了五个多小时，及至东方泛白始到了家门，一拍门首先廖舟的四妹听见了，起身开门，姐姐们也赶紧起床。我一进大门就发现中堂上供着灵牌，顿时悲痛欲绝，匍匐到位失声大哭一场。想到母亲的后半生，备受艰辛，待我工作了该可享受些子供养，然时仅两月就离开人世了。人的一生，受机遇的安排，无奈之何!

母故奔丧

在乡下呆了几天返回部队。由于连里缺排长，我被调升为第四连中尉排长，又投入紧张地对炮手的训练。每排两门762加农炮，最大射程万米，有效射程五千上下。每门炮的第一炮手是瞄准手，高低、方向、距离均需在瞄准镜上订出，稍有偏差，命中率就要降低，而且操作要迅速，不得贻误战机。第一炮手是每门炮的关键人物，要文化水平较高、头脑灵活反映快的战士。训练上每炮的五名炮手要紧密配合，达到快、准要求。为了尽快完成培训任务，对第一炮手进行了个别强化训练，并兼培了预备手，第一正炮手阵亡时以副手顶上，不致火力中断。驭手的培训也是个大难题，一门炮重约四、五吨，需六匹大、壮牲口来拉，每炮前必要准备三个驭手，紧密配合六匹牲口必需向一个方向前进，否则力量分散难以前进。我们士兵全从湖南徵来，文化素质较好，但个子偏低，高大的牲口要从未骑过马的小个子骑驭，作难不小。只好先从体操上加以训练，要求身体灵活，臂力强，跳跃高，逐个困难上，终使他们能驭马拉车了。1938年8月终于得到开拔命令上前线抗日，全团振奋，斗志昂扬。首先开到洛阳邙山以北进驻，稍予修整到孟津黄河南岸开始实弹射击训练，观测、测量、通信、火炮、指挥全面配合，以黄河北岸沙滩为靶场，对这一批新兵、新炮、新的黄埔生排长，仅

在信阳地区抗日

经三个月训练炮兵团进行了检验，事实证明符合实战要求。可以进入战场。此时武汉外围战已经开始，实弹射击后稍事整顿即奉命从洛阳火车站上车，车到河南明港，我炮兵第二营全部下车进入明港镇外树林中隐蔽，由于我空军处于劣势，掌握不了制空权，我炮营进入明港行动被日侦察机发觉，未久日轰炸机12架飞临直上空，我野战炮无高射功能，又无空军及高射炮掩护，祇好组织所有轻机枪向敌机射击，其余全部就地隐蔽，明知轻武器空射无什效果，但能引起敌机顾虑不敢低飞。敌机盘旋投弹数十枚，我隐蔽地中弹不少，由于我炮兵人员全部伏于地面，我附近虽命中一弹，由于炸弹爆炸成漏斗形，我和两个第一炮手伏地处正在炸弹爆炸的死角中，虽然浑身震满黄土，但未挂彩，可算幸运。在明港露宿一晚，吃了一顿美餐（大肉炖白菜、白馍）次日阴雨奉命向息县方向进发，阻止日寇进逼信阳，切断平汉路，构成对武汉外围包围圈，以夺取武汉要镇，控制中华中的企图。

冒雨天黑道路泥泞沿着淮河支流前进，每隔不远要通过长达丈余的石板桥，炮车四、五吨重，石板桥承载不了，炮车通过，经常桥断炮翻，河沟虽不算深，祇好用人抬牛拉，几费周折，才把一门炮拉上堤岸。几十辆炮车，人员一营五、六百人，有力也使不上，战斗任务紧，心急如焚，就是上不去，人困马乏奈何不得。这一夜全营才前进了五华里。拂晓仍是阴雨连绵，人要吃饭马要喂食，祇得就地补给。人带有粮食，草料得需就地购买。离前一线还有数十里路程，本地农民绝大部份没有逃走，按说就地是能买到草料的，可我们连长行伍出身，军纪观念不强，他叫军需上士通知各排自找料草，我一听此言火冒三丈，严厉斥责军需上士："国家发有粮草费，为何叫士兵去抢粮而置军纪于不顾。你转告连长，我排所需粮草必需由你买来，并要及时供给，否则以你是问。"这样当然会得罪连长，我出身于黄埔，深恶土匪恶霸行为，堂堂国军，没有严肃的军纪，必然会失民心、乱军心，与日寇何异？军需上士对我排粮草及时供应，可连长却给刺上一道。

经过艰苦的行军，终于到达步兵第一线的直后方约两公里丘陵地带，闻得前线炮、枪爆炸声密密麻麻，顿时精神振奋，打击日寇的抱负终于实现了，一切

欣

思想杂念均消失殆尽，一心设法使我炮威力消灭
敌人。进入阵地后，很快得到我前沿观测所电话通
知的射击诸元，迅速订入瞄准镜即装弹发射，经
观测，命中效果良好，心情十分激动，决心以更大的威力
支援步兵消灭敌人。然数分钟后我炮兵阵地已被
日寇炮兵声测标定，以数倍于我火力压制过来。因我
炮兵相对当前敌炮处劣势，为保全我炮更有利的消
灭敌人，当时采用在原阵地发射瞬间火力后，迅速向
前、后、左、右变换已选测好的预备阵地，轮番继续
发射，这样敌人很难掌握我火炮位置，经常是我炮
甫撤，敌密集炮火紧随而来，这样他的火力落空了，而
我炮已移地发射，保全了自己消耗了敌人。这种战
斗方式，几吨重的炮靠人力来回拖拉转移，体力消耗
极大，但心情是振奋愉快的。从这次战场看当年我
国军队的装备相对日本来说处于劣势，空军极少，掌
握不了制空权，敌机来侦察，敌特听之任之，他
们经常能知我阵地及远后方军之配备，并及时以
轰炸机群打击我军部署，常使我们处于被动地位

兵不厭詐

大队调动为了掩护目标，祇好在夜间进行，迟滞了时间，往往延误战机。战车少，炮兵少，很难有效地支援步兵，正面对抗牺牲很大。为了生存，为了拯救国民族于危亡，我们将士不怕牺牲英勇战斗，延缓或阻止了敌军的前进，在战役或战略上难免要作转移。

奉命后撤

我炮兵营在前线经过两日对敌被动炮战，奉命后撤明港，下撤时正逢川军某师增援前线，看到我炮下撤张口骂道："龟儿子！哥老子上前抗日，你们炮兵下撤，孬种！"听得此言心情十分愤慨，只好说："那个龟儿子装孬！你们下令叫我们上嘛！"好男儿不能报效国家战死沙场内心的痛苦实难言宣。部队到达明港后，北上的运兵车已停在站台紧紧张张地上了车，循路开动，也不知道要把我们运向何方。孰知车到郑州转向西行直到西安始令下车，一撤千里，令人难解。部队在西安东郊某村驻下后，军心十分涣散，特别是我们这些当排长的黄埔生，抱着马革裹尸，拯救国家于危亡誓死不当亡国奴的决心而投笔从戎的，突然后撤西安，什么目的一无所知，无不感到惶然。为释内心苦闷，同学相邀轮流请假到华山游山玩水，有时也到西安城里去了，眼看花红酒绿，醉生梦死的景象，前线后方鲜明对比下令人痛心疾首，"国之将亡矣！"作为热血青年，人微言轻，无力激励人民救亡求存的热情，祇好从自身作起，重返前线，以自己血肉之躯唤起人民的醒觉，同仇敌忾共赴国难。一日在西安街上碰着我十二期砲科同学苗吉圃，他是随驻紮前线中条山第二战区副长官部参谋长兼第九军军长郭寄峤来西安参加军事会议的，交谈之下得悉他们司令部在山西中条山深山里，地处第一线的直后方左邻八路军太行山部，共同抵御日寇。前线战斗此起彼落，因地处深山，地形复杂，敌军飞机、大砲、坦克均无能发挥优势，我军与八路军扼守太行、中山与日寇形成对峙局面，不时派出小部队潜入敌后游击，破坏其直后方道路桥樑、仓库等，相机消灭其据点，集小胜为大胜。前线战斗频繁工作紧张但生活得很有意义。听之令人入迷，遂问："你们那儿还需要人吗？"答："前方太需要人了！郭参座交代过我，祇要是我们同学，去多少都欢迎，这次来后方开会，特别交代我物色人哩！"我说："来在花红酒绿之地，虚度青春，好男儿应驰

志在抗日重返前线

骋沙场杀敌制胜，救国求存虽马革裹尸亦乐为也！”
黄专圃说：“这太好了，我们同窗学习，今日又能并肩战
斗，实在太好了。明日上午你到西京招待所来，我带你
晋见郭寄峤。”次日上午迳到西京招待所，由专圃引我
晋见了郭寄峤。郭寄峤见到我非常高兴地说：“你
们黄埔同学，能文能武，前方太需要你们了，非常
欢迎你们，如能再邀请几位同学齐往就更好了。”
又说：“上前线家里有啥安排吗？”我答：“目前就我个
人，父母早亡无任何后顾之忧，祇图再上前线消灭
日寇，救我中华。”郭寄峤说：“有志气，有抱负，定能如
愿以偿。”随即写便条一张交给我说：“持此条到端
履门的第二战区副长官部驻西安办事处找×处长，一切会
给安排。”持着便条回到营地，先向营长请假，说明欲
上前线抗敌并告知已向郭寄峤联系好。营长说：“这里
也很需要人，还是打消去意吧！”我说：“不打日本呆在西
安有啥意思。”与营长纠缠好久，他祇好说向上级请示
后再说。随后找到要好同学陈教国，说明晋见郭寄峤
及向营长请假经过，他说：“我连假也不请了，跟你一

上前线。"就这样我俩到办事处领了几十元路费，次晨搭火车走到陕西华阴，因八号桥被日军在风陵渡的砲火击毁，我俩徒步在日军炮火下撞潼关，当日到灵宝，又乘火车东进至渑池，徒步至黄河渡口南岸，见到在郭参座兼任的第九军军部所设军士训练班任队长的十一期同学梁鑑秋、朱振中同学，他们热情地接待了我俩，并即向在中条山太寨第九军军部的苗青圃通了电话，告知我俩的来到。在渡口军训班住了一宿，次晨渡过黄河进入中条山，与黄河南岸相比，已分外出战场景象，山路崎岖人烟很少，险要之处均筑有工事，要隘有兵驻守，盘查严密。个人感觉无极振奋，总算回到了前线，"英雄有用武之地了"。经过六个小时的跋涉，到达山窝似的小村庄，约模几十户人家，这里就是第二战區副长官部及第九军部所在地，时值38年的冬天，山区较冷，各户人家烧炕的小烟筒都冒出白烟，使远来之客感到一阵温暖，稍经打听就找到苗青圃、王绳武等同学，他们已为我们准备好热气腾腾的飯菜，同学久别重逢，感到意外亲切，谈古论今，围坐炕上抵足而谈，其乐融融，早忘怀战场上厮杀情景，尽享手足之情。当晚我们横卧在热炕上，温度甚高，不知窗外已冰霜成冻矣！次晨苗专圃带我俩晋见郭参座，他对我俩放弃后方安乐环境毅然走向艰苦的抗日前线深表赞许，并说："我知道你俩是好朋友，最好能在一个单位，但长官部和军部均急需参谋人才，拟将叶沈纪调到第九军军部，陈毅钺到长官部，如何？"我们说："听从参座安排"。就这样我俩分手了，好在我们在太子寨村，见面机会应是很多的，而实际上彼此均忙碌，近在咫尺，见面机会仍很少。当时第九军军部，没有参谋长和参谋处长，就苗专圃、王挽武和我三个上尉参谋，直接由军长郭寄峤安排工作，苗专圃还担任着郭参座的随从参谋，许多长官部的公文命令等，他照样整理转达，他在军部只算半个人，结果军部参谋处的工作，由我与王承担。好在重要命令文件当都郭军长亲笔起稿，需用配备图当由我们绘制，例行文件，按批示照转，我们不分昼夜地忙碌着，紧张而有序。当年我才二十岁，身强力壮，心情舒畅，诚不知啥是辛苦。

郭军长很注意培养我们，并将批一些照转文件由我们拟稿转发，这类文件照常是加头加尾"抄原文"，而实际原文拟稿人并不抄在文稿上，附上原件由文牍人员抄印下发印了。我们依胡芦画瓢，照例行事。可文稿送上军长批“行”时，却批示“抄原文”。当时还不以为然，认为有意找麻烦。经过一段「抄原文」后，学得不少文牍语言，丰富了自己文稿语言，用起来得心顺手获益匪浅。才理解到郭军长是有意通过这种方式培养我们萌生的拟稿能力的。经过一段时间郭军长不要求我们“抄原文”了，可新的原发稿下达了。即批示原意要求拟稿复文。这类稿件即要求根据来文和军长批示回我复文或下文，全需自己主稿。第一次根据批示拟稿思想唯恐论事不清，写得比较啰嗦，呈阅批示“重拟”。祇好重新提撰，尽量写得切体些，呈上后又批示“再重拟”，真乃丈二和尚摸不着头脑，反复重读自稿，尽量删掉不切题的文字，拟就送批。这次没有批回重拟，祇是在我稿上抹掉了1/3的文字而加上一二个字而批“行”了。经过这次磨练，我深深体会到“军令文件”必须要简明了，语意准确，才能达到迅速不误之目的。战争的胜负，“时间”是重要的决定因素，军之指挥官作战行动时候不能忘“时间观念”。郭军长对我苦心的培养教育使我终身受益。数十年来养成写文章力求简明做

受郭参座重点培养

了细心决断的好习惯，做到干脆利落。郭军长对我们说过："当参谋带兵几上几下才能做文武全才，担当军事指挥重任"，他是就是以"理论与实践相结合"的方式培养我们的。1939年春卫立煌调升为第一战区司令长官，郭军长同时调升为长官部参谋长，仍兼第九军军长。同时第九军由乙种军改为甲种军，直辖四十七师、五十四师和独五旅，军部编制扩大，增设特务营、通信营、辎重营、工兵营、补充团，其军部与长官部同时进驻洛阳。第九军军部驻西工和平小学。军部扩编需用大批军事人才，从中央出来的原军部我们十二期的科同学均晋升为少校参谋。苗泰阁代理参谋处第一科中校科长，王继武代理第二科中校科长，王惠深代理第三科中校科长，我代理第四课中校科长，仍直接由郭军长直接指挥。我的业务是人事科，这一期间的任务主要是搜罗人材，发布人事命令、各直属部队的成立，各师、旅人员编制的扩充。经过大家努力，各级人员相继到位。首先郭军长的保定九期同学杜凤翥来任军部少将参谋长，黄埔六期同学李××任上校参谋处长，欧阳芳、李佩瓖任中校参谋。从军本校分配来的十四期三位同学任中尉见习参谋。十二期同学俞

当上科长

绍彭、王宇恩、庄寿岳、李钦民等分任通信、工兵、辎重等营少校营长、副营长，其他总务、军需、军医等处分别成立。这一时间在长官部、九军部工作的十二期同学不下廿余人说明当年郭寄峤对我十二期同学格外垂青，我期同学也表现良好，德行端正，工作勤奋，热诚负责，颇得他人好评。尔後去台湾曾在长官部、九军部工作过的同学如王宇恩、李万贵、石和声等均任陆军中将总司令等职务。其他十二期同学郝柏村当了郭寄峤的女婿，曾任上将参谋总长、行政院长等职，张国英、于豪章任上将军衔各职。说明我黄埔十二期本校毕业同学，不负当年抗日救国投笔从戎之初衷，克尽了军人天职。

1940年秋后，郭寄峤把第九军长职务交给了原副军长兼四十七师长裴昌会，军司令部原班人马当移交裴军长并要移驻中条山，出于郭寄峤对我们紧跟他几位十二期同学的厚爱，把苗奇国、王惠洙、孙谦和我均调到长官部参谋长办公室，仍在他左右工作。我的任务是摘录收集的日军文件整理分类把要点向寄座汇报，每当寄座批发文件时我在其右侧汇报，每读到重要处，寄座即订笔交代："再将这段

当时代参谋

重述一遍”，这说明参座精力过人能一心多用，有时批、听、打电话同时进行，令人万分敬佩。时有“全国最突出的四大参谋长之一”受到蒋介石的赞许，是卫立煌很器重的助手，直到调任至战区时仍兼是副长官兼参谋长之职。

郭参座对我们紧随的几位同学进行全面培养，要求亦严，在参谋长办公室这段时间，我与沈醒芝熟悉，有时上午上班时间迟到，这点小事郭参座也注意到了。一次苗青国对我说：“沈参谋怎么还没来”“郭参座问你了”我听后一惊，这点小事也瞒不过参座，以后可要注意了。同时试探式地问苗青国：“你怎么答的？”苗青国说：“沈德周正在谈恋爱，郭参座笑了笑没再问什么！”这件事说明，郭参座对我们要求之严培养之深。

接说参谋长办公室用不了这些人，把我们安排在他左右，目的在储备他欣赏的人才，并极联感情之意。过了一段时间，得知长官部特务团尚缺一位中校团附职务，少将团长王书明待人厚道，当年还是卫立煌当兵时代的班长，年龄五十多岁，文化程度低些，需要有年轻些有军事学识的人辅助他，乘此机会我想下部队锻

48

练，自者参谋长办公室也不需要这多人，我遂写了个

申请到特务团附

签呈送副参谋长，请求想到特务团当团附，承副参座厚爱当即批"可"，经长官部军务处下达任命，我即到特务团报到，副团长王团长对我格外垂青，主要团务全交给处理，当然我也格外认真负责，颇为王团长欣赏，对我生活照料备至，除每月给我加发四十元津贴外，还经常同出消遣、吃饭，或到他家小酌，我们相处十分融洽。数月后我要结婚，团长在经济物力

副参座亲临为我证婚

上大力支持。结婚大事当然要呈请副参座批准，并敦请副参座证婚，参座欣然应允，并批示长官部总务处安排他的座车接亲，用长官部大礼堂，长官部军乐队奏乐，并送我大红缎花喜幛一幅，婚典时亲临证婚，讲话、照相，婚典盛大热烈。当年敢于请参座亲临证婚者，除我们几位禁卫副参座的同学外，其他人恐难启口。参座个性庄重严肃，日理万机每天哪参与此区区小事。而参座对我们格外垂青，令人终身难忘。

新婚燕尔夫妇感情弥笃，仍与保侍姊一起居住，家务小事仍由侍姊操劳，我们坐享清福。抗战期间军务繁忙，

我仍照常到特务团团部视导。日寇飞机经常飞到洛阳轰炸，特务团负有长官部警戒任务，每逢敌机来犯，我必骑自行车巡视西工内外对空警戒情况，未敢疏忽，亦从未进入防空洞。一次日机十二架来炸司令部驻在地，我巡视到首脑们防空洞口，看到卫长官站在洞口仰视敌机投弹情况，嘴里还骂着"混蛋、混蛋"。眼看有两枚炸弹要在洞口附近降落，我大声呼唤："报告长官，快下防空洞"，紧接着卫长官附近的卫士把长官拉向洞里。我亦就地伏下，眼看炸弹偏离洞口，虚惊一场。又一次日机来炸，我正骑车行到长官部东侧门，一枚炸弹正从我头顶上降落，我急忙下车匍匐在路边水沟内，炸弹在离我卧在地外两米处爆炸，算我命大，尘土盖满全身，未遭破片击伤。

1941年春，王团长奉命到安徽合肥、六安、蒙城一带接新兵，这一带正是卫长官、郭参座的家乡，这兵接来补充特务团，经过培训能起到子弟兵的作用，增强心理和精神上的团结力。王团长离团后，团里全面工作落在我一人身上，当然要格外勤奋负责，不负所望。

斯时我仅廿五岁，三个营长都比我年龄大，在职务上我要指揮他們。為了搞好訓練與營務，勢須經常下連隊檢查操練與工作，為了把他們團結好利于工作，迴避下去是不可取的。工作及指導態度要和藹，用商量的方式討論工作，尽量尊重他們的意見，決不自以為是強加于人。這樣一來，几个月代理團長的工作很順利。

第一批新兵快來團以前，長官部軍务处長給我电話說："從速把團屬迫擊砲連的干部組織起來，新兵一到即成立迫擊砲連。"我說："叫誰当這个連長？"处長說："連長一職你自己兼了吧！"就這樣我兼任了團屬迫擊砲連長，挑了一位本校十六期畢业的黃埔生当中尉副連長，在各營選選一批班排長，很快把干部隊伍組織起來，新兵一到迫砲連正式成立了。這个兼連長職务，由于我还有團的工作，不可能全力以赴。我的办法是，以張銘副連長為主要連長代理人，把几位排長緊緊團結在一起，日常管理、訓練由張副連長負責处理，有难处由我解決。我交一份干部伙食费，但很少去吃飯，基本上一星期从俱樂部要几个好菜與他們一起会歺，但不飲酒，與同談思想談工

兼團屬迫砲連長

作、谈训练，遇有问题当场解决，我经常要到各营查操，顺路也到迫炮连看看，肯定优点指出缺点，要求把士兵伙食办好，由士兵组织伙管会由司务长领导自办伙食，共同搞好生活，避免司务长从中渔利。不许对士兵体罚，操余课后，要求士兵在宿营前沙盘内识字、写字，晚饭后在操场围着圈做游戏、唱歌、讲故事等搞好文化生活。

张副连长文化基础不错，肯干、能干，把这个新兵连搞得很好，有时也会出现急燥情绪。一次我到营房查铺、发现某排长把一士兵吊起来鞭打，当时我就进行了制止，然后把排长叫到连部，对他说："已说过不准对士兵体罚吗？"他说："他是抓回的逃兵，可恶之极，大大损坏了连的名誉，不严惩，不足以示众，以一儆百。"我说："要爱兵如子，才能获得兵心。对敌人要狠，对士兵要善，逃跑必然有原因，把逃因查清，对症下药，才是治病救人之方。"又说："这桩事张副连长知道吗？"排长说："知道的。"我说："以后不要体罚士兵了，要耐心做思想工作，回头把逃兵交给张副连长处理吧！"找张铭问了问情况，支持了我的意见，而后我说："我

52

这个逃兵谈谈，如果他家真有特殊情况，干脆给点路费，让他回家，叫其他士兵看到我们对大家的爱护，就能加强凝聚力，才能把兵练好用好。张铭照我的办法做了，结果这个逃兵安心下来，感恩戴德，其他士兵每未发现有逃跑者。

数月后我与团长王书明建议说：“我代理一段中校团附，虽然未出漏子，总觉自己缺乏带兵经验，我想下去带带兵，我团第三营少校营长×××行伍出身，干得也不错，不如把他调升为中校团附，我下去当少校营长，两得其所。”王团长沉思了一会说：“你辅佐我工作很好，将来晋升为中校实职不很好吗？”我说：“越职升级别人不服，我还年轻（时年廿五岁）当几年营长，好好锻炼一下培长见识。带兵也是一门学问，需要好好学习一番。听说团长要调升旅长了，我非常高兴！我希望降为营长，目的是培长才能，将来岂不更好地为你工作吗？”王团长说：“你会说话呀！别人都是希望升官你要求降职，你们黄埔出身的军官真有远见卓识。就照你的意见写份报告送呈长官部批示吧！”

申请降职当营长培长才能

颂

王书叫团长原本是少将军衔，五十多岁，为人忠厚行伍出身，安徽合肥人，当年卫长官当兵时，王团长是卫的班长，他们的关系至为密切，祗是王团长无啥文化，提升相对要难些。未久王团长提升为独立第五旅少将旅长，仍驻扎洛阳西工。独五旅属第九军编制，军长是郭寄峤参谋长兼的，经常作为总予备队使用，所以常随长官部驻扎。接替特务团王团长职务是衛旭东四十多岁，安徽合肥人，上校军衔。他是衛立煌侄儿，行伍出身，这这样人当近卫，在当年是理所当然。同时我调特务团第三营少校营长，原营长调升为中校团附的命令也下达。我推荐同属迫击砲连中尉连附张铭接替了我兼的连长，离职上任。我兼迫砲连长仅数月，但与全连官兵关系很好，离任时除全连会餐欢送外并送我一面银盾，盾刻约二百字，歌颂我带领他们的德政，写得很真实贴切，对我是个鼓舞。这类珍品（共有五座银盾）保存于开封居住的三叔家，四八年开封解放时，三叔怕了，全部抛入院内水井内，五二年我全家回到开封并住在该院内，已经是两个天地，再打

54

搂它已无啥意了。但这些纪念品，能证实我在旧军队工作十年中是爱国爱民、正直无私的。

1941年春夏之交，日军从平汉路西侧向我一、五战区结合部进军，企图进击洛阳，动摇我华北战场对日作战指挥中心第一战区长官部。五战区汤恩伯部虽经力阻日军深入，但效果不大，致使日军主力逼近临汝（今汝州）直接威胁洛阳后背。卫长官除调动中条山守备之部分军队抗击日军进犯外，急电重庆蒋介石速派部队增援。蒋责令胡宗南第一军出潼关增援。一线危急，洛阳急如星火，胡的第一军则缓缓而来。一军所属第一师在潼关按兵不动，七八师进驻灵宝、一七六师缓缓到洛，胡宗南虽也到洛开会布置，看来只是应付而已。卫只得调集中条山守备队全力反击，阻止日军于临汝之南，日军见势不可为而后撤，始解除洛阳后背之威胁。从这一事实说明，国中央军系统内部每同样派别纠纷，各存私心，分寨我你，何谈地方部队之争名夺利互相倾轧？何时能做到"天下为公"这个崇高的理想，看来遥远矣！ 日寇近逼洛阳

这行叙旨里接妻

洛阳吃紧时，长官部及河南省政府的家属全部撤至豫西山区卢氏县，当时公路质量极差，交通工具主要靠民间征集牛车，任俊琳及我的妻子碧芝一家五口分乘两辆大平车艰难地西行，这时碧芝已怀孕数月，沿途梧青兄照料备至，车上铺了数层棉被让碧芝躺下，尽可能不使车行较大震动，以免影响胎儿安全，我很感激梧青兄的细心照料，使我安心指挥部队备战。以后战局结束很快，洛阳又恢复平静。特务团的主要任务是警卫长官部的安全，没有野战任务，相对地移动性小，洛阳一经平静，我即带着自行车乘火车到达灵宝，灵宝至卢氏有一条石子铺的公路，质量很差，路沿河谷进行，水虽不深可涉水而过，没有桥梁。弯曲起伏骑车难行，经常是推车上坡，扛车过河，经约六个小时的折腾走完这约七十公里的路程到达卢氏，巧遇梧青俊琳碧芝甘正乘一辆汽车出城上路准备返洛，我乘势搬上自行车并坐车原路折返，达到灵宝后改乘火车返洛。抗日期间老百姓经常逃难的滋味可见一斑。没有条件的老百姓逃难，其惨状当更胜之！

56

1941年12月25日启芝腹部开始阵痛，急送城内省立医院，床位已满，经同学上官树理向其父院长上官悟尘说项安排在婴儿室候产，保俊抒一直在侧照料。头产启芝十分紧张呼叫不已，当然十分疼，喜吃催产药也无济于事，经周大夫检查，衣胞已破，产得门小，以致难产，当即送手术室进行手术，先进行了全千麻，由周大夫动手，上官大夫协助剪开会阴用夹头金钳深入子宫把胎儿夹出，孩儿出世不会啼哭，周大夫倒提婴儿用手掌向屁股打了两下，婴儿发出哭声表明呼吸已通，转手将婴儿交给了上官大夫处理，她自己对创口缝合。动作熟练快捷，保证了母子平安令人十分感佩。目睹这一场惊心的手术过程，深感产儿不易，母性的伟大，应得到人类的尊重。启芝总算走过了鬼门关，身体感到虚弱疲乏。我亲自给她喂鸡汤，并百般安慰，向她发誓，生的虽是一个女孩（即玲玲）决心不要第二个孩子了。

1942年初衛主煌奉调西安任军委会办公厅主任，我因奉随调西安，驻学院门，家眷也随后。学院门是个

严肃军纪

闹区，修防翻定，安排不当就绪，某晚夜间有士兵溜出营房到附近戏院看戏，我恰外出回营，进门卫时发现几名士兵悄悄跑回营房，经查有几名士兵在戏院闹事，随即赶到戏院发现有几名士兵已被宪兵扣留，经亮我身份与宪兵交涉，始得交我带回。初驻西安市，未经订法纪，兼之行军数日初到一地，有的干部也想找也随便街上走走，管理一松，就出现前述一幕。经过思考，必须利用这一局势严肃处理，以儆效尤。次日集合各连排长开会，指出西安市内是花红酒绿之地，军纪稍有松弛，必出大乱，从速查出为首溜出分子，予以严惩。X连长随即汇报了查明情况，我当场决定全营集合于大操场，宣布违纪的严重性，给予XXX打军棍四十板，当场执行。并宣布了外出请假规定和批准权限，以及在市内行为规范，从严执行。在城驻了数月再未出事。未久奉命移驻西安南郊约廿里居安坊村，担任卫主任"别墅"警卫与训练。

1942年春夏之间，卫长官调任军事委员会委员远征军交给了胡宗南，这一决定实际是对卫长官在一战区任内失守中条山的惩罚，副参座亦随调重庆。军委会委员乃属于无权的空头职务，原机关人员根本无法调随，特务团亦无例外，交给了胡宗南。该团由廿发驳壳枪有约二一三百只，当年这类短枪是很主贵的，用之担任近卫，既实用又排场，卫当然舍不得交给胡宗南，乃收存起来存于在宝鸡的仓库由我营第九连驻守。为时月余，胡派其部一个团，将我第九连及其守仓库包围，强行将二一300支手枪提走，处于这种情况，第九连无法抵抗，眼睁睁让他们提走。事后汇报我亦无能为力，写信将经过实情向副参座作了汇报。卫长官知情后十分生气当向蒋介石作了汇报，并饬令胡宗南原物送还原处。这一事实说明胡宗南——当年的西北王——已十分狂妄骄傲，早年胡还是卫部下的连长，就是私关系，也不应该做此无礼和绝情之事，蒋的高级将领为了私利尚且不惜破坏团结，岂能共同御敌制胜，无怪乎蒋的部优良装备的八百万大军，仅在三年之内为小米加步枪的八路军所消灭，不无其内在的原因。

胡宗南的狂枉

名

我们的特务团划归胡宗南后，名义上是他属的特务第二团，实际并不重用我们，首先将我团调到新丰镇整训，派来胡的少将副官处长侯声接替了原团长衔旭东（衔的侄儿）相继更换了副团长、团副、一、二、四营营长和部分连长，第一营是衔最早的特务营，第二营是郭参座原第九军特务营，第四营是熊钟麟原冀察总部特务营，各营均有其家乡特点——子弟兵——内部团结好，虽事无主，战斗力强、武器训练纪律好。一经撤换其营连长，内部涣散，士兵纷纷逃走，干部存五日京兆之心，好端端的连队，名存实亡。我第三营士兵纯属安徽合肥、六安、蒙城一带衔的家乡兵，但我这营长出身黄埔，与衔、郭并无亲缘关系，我的连排长系择优而任，与我无任何私人关系，平时我对部下恩威并济，训练严格，赏罚分明，爱兵如子，上下团结，从无逃兵之事，是一个很好的战斗集体。侯团长来营视察几次，均表满意。但从衔系转入胡系，人为的隔阂，他们总觉不是他们系的人，有些不放心。但又觉我是个人才，前三个营已经垮了，唯独我第三营，不为风吹草动，秩序井然，决心要保住这份完整的力量，遂派胡部特务团营长李越众（我黄埔

衔的特务团划归胡

十二期时同学）来为我做工作说："胡先生是我黄埔一期老大哥，很受蒋先生重用，这里很有发展前途，就跟着胡先生干吧！"我说："我与衛先生没有任何亲缘关係，凭着我的能力与干才，当上这个近衛特务营长的，祇要是国家军队，跟谁干都一样。"他说："是侯团長叫我来做你工作的，他觉得你这个人才，一定想法留住你，共同把这个团搞好。"我说："我并未表示辞职嘛！祇要信任我，一定好好干。"未过数日，下来一道命令："军委会西安办公厅特务团第三营少校营长沈继周带兵有方，该部训练有素，纪律严明，特予嘉奖，特予晋升为中校营长，以资鼓励。此令。"这样我成为在胡宗南所部黄埔十二期同学中第一个晋升中校军衔的人。当然也被认为是胡系的人物了。实际在我思想上无所谓是属那派系的人，为抗日救国跟着谁干都一样。1943年初夏少将团长侯声调回长官部，派来李剑光（黄埔六期毕业）接替团长。李团长上任不久找我商量，意欲调我到团部任军官大队长，把全团军官分批调来集训。从表面看要我施展才能，提高军官素质，节制接来新兵补充兵员，使这个团

（胡宗南破格晋升我为中校官阶）

将来成为强有力的部队。但我另有看法，认为如此一调，相机卸掉我的军权，将把我这个在团内唯一留下老营长，换掉他们清一色。于是我表示，这样一来，我这唯一完整的一个营，将会失去领导核心，人心涣散，这批安徽子弟逃跑起来决不是少数，营不成营将如之何。不如让我继续把这个营再加整饬提高，成为他营的表率，来影响全面岂不效果更好！李团长拗不过我的衷心直言，祇好将组成军官大队之议作罢。

雪恨的枪声

任人唯亲对部队来说是危险的。一次全团集合，看各连队自编自演的话剧，正演"治病救人"这幕剧时，突然后台出现枪声，这次恰巧我是团值星官，全团归我指挥，我当即下令，全团官兵不准擅自行动，枪靠左肩，眼看前方，由各连长监视执行。我转身即跑步直向枪声响处，适四营某排长正端枪向我走来，我一个箭步向前，左手将其枪拨开，双手从其背后紧紧将他抱住，附近的人抢步上来，将其捆绑。事态已毕即宣布继续演出。这时李团长走过来说："把他压回团部，听候处理。"我把值星经交给了团副，带着该排长迅速走进该地向团部走去。我问："你端枪向我为啥不向我开枪？"他说"冤有头，债有主，我打死×连长后，还准备找到李连长将其打死，以解心头之恨！"我问："何为杀他们？"他说："老连长是我们患难兄弟，硬是被他们挤走了，新连长一来，横挑鼻子竖挑眼，一无是处，这不是排挤我们吗？他叫我们无法干下，我也叫他活不成。"我说："为何要杀人呢？就无其他办法进行抵制吗？"他说："当兵何畏死！义重于山，为兄弟报仇雪恨，死而无怨！"从这一段谈话悟出一个真理，——人间交往应出于爱心，以诚相待，以心换心。——带兵的人更应如此，要做到纪律严明，恩威并济，大公无私。决不可侮辱士兵，克扣军饷，更不可虐待士兵，这样才能团结到底，同生死共命运。否则势遭杀身之祸！

在新丰整训时间不长，全团奉调武功渭河、河心滩实行军垦。这片滩地约万余亩，是由渭水南、北改道冲积而成。李团长认为我营训练有素，指挥自若，把滩地东、西头交给我营开垦，其他各营夹在中间，而团部设在中心位置便于团长视察管理。我把第七连安置在东滩地，这里若予开渠引水可以种稻。连长王书藩行伍出身人很精明，安徽合肥人，所部士兵亦全为安徽人，适于种稻。再者他地区内有一渡口，来往行人甚杂，是周至到武功的要道，常有土匪出没，这地区交给王书藩比较放心。

参加军屯垦

我带着三个连在西滩开垦，东、西两地相隔五、六里，我也常到东滩看看。我们垦区离武功农学院（农校）又有渭惠渠横贯东西，对学农业技术较为方便。我经常找农学院的教授们请教，学到不少农业知识，滩地的庄稼长势也很好。陶峙岳是我垦的领导人，曾来垦区视察，对我营农垦给予了好评。接近秋收的时节上级突下令将我团调离大荔，换另一部队进行收割，而且是全封闭地，吃住在河心滩，这种做法大伤我部的感情，也说明胡宗南部，不是一个坚实互信的整体，驾驭不了自己的部队，谈何克敌制胜？四七年解放战争中，胡部丢盔卸甲节节失利不无远因！

1943年8月下旬启芝怀孕已七、八个月，一天突感腰部疼痛，即派副官石俊人带领玲玲、祖姆，速乘火车到西安省人民医院候产，次日我因赶到西安接洽，因床位紧张住淡住入产科病房（单间）。经与医生谈及产妇第一胎曾是难产，这胎应否提前产，医生说可以考虑。因部队有了事当日折回试功。8月28日（阴历7.27，孔子诞辰日）来电话告知已顺产一男孩，母子平安，为这男孩起名聪聪。学芝在医院住了一个时期，接回驻地休息。满月时部下及驻地群众纷纷来家贺喜，祇得请了十几桌客。从此我俩儿女双全，心满意足了。

喜添贵子

1943年冬我团改为秦岭中部守备团，李钧尧任少将守备司令仍兼团长。命令我营守备镇安和柞水两县地区，并担任第三区守备指挥官，指挥我部及两县民兵，在各要隘构筑碉堡、暗堡，防止日军进入秦岭威胁西安后背。此时日军已侵领豫西，稍前打法就会威胁我守备区，必需加强戒备以应急变。当时就镇柞地形，把第七连进驻镇安县城，第八连驻孝悌乡，第九连驻柞水县城，营部及机枪连驻柞水石咀子，由机枪连派一个排驻营盘。各驻地均系要隘，设有岗哨，各有电话与指挥部联络。本部有收发报机一部与司令部定时联系。考虑此部队分散与民杂处，严格规定了几条纪律：

独当一面驻防镇柞

对部队纪法三章

人非因公不准单人外出，外出办公自带钱粮不准在群众家派饭，不准与妇女闲聊。6官兵一律不准赌博或与妇女私通，一经查出严惩不贷。7借物要还损坏赔偿。我经常带一名传令兵暗藏手枪，穿着便服草鞋去各地私访，暗查部队官兵违纪情况。有时带一个排徒步视察各要隘设防和通讯碉堡及训练民兵和与地方配合收集有关军事情报。

学文化、养猪种菜

除纪律外对于部队军事训练不得放松，兵舍外设沙盘除供沙盘演习外主要作为学文化和练字之用，要求文盲士兵每天学五个字，做到能写会用提高士兵文化素质。要求驻地连、排在附近开荒种菜养猪改善兵官生活。我也在住家后院开了二分地，挖井一口，与妻子焕文及祁姆妈种了廿余种蔬菜。鸡鸭各数只、羊由两头发展到十余头，副食品基本自给。

从1943年冬入秦岭至抗日胜利后1946年初出山驻防该地三年余，军民关系搞得很好，军纪严肃，官兵团结，士气旺盛，保持了部队纯洁，在防务上未出破绽，较好地完成了守备任务。这一段时间承李别克司令的信任，独当一面，我冷静思考深入基层调查研究，实事求是的处理问题达到各方满意。这一段我的年龄在27—30岁之间，年纪轻，精力旺，求知欲强有此施展才能的机会，决心要为人民做点好事。首先是严以律己宽以待人，谦虚谨慎，不计个人得失从自己做起推及其他。经深思熟虑，一经决定勇往直前决不摇摆。苏华教我们说明我处世之法：

励精图治

要叫官兵经常有事可做：部队本是一个高度集中的群体，如处于松弛状态，思想就复杂起来，邪门歪道就会出现。我要部队按安排的时间表作息，军事训练、文化学习、集体劳动、练体操做游戏、讲故事——整天闲不着。星期天休息，洗衣、晒被、自编自演话剧生动活泼，增培情趣。不是带队的军官和营部士兵每晨集合由我亲自教练太极拳、间时练字学文化。有时连长相对闲一点，同时带有家眷，偶尔在家打麻将，按我规定的纪律是不许可的，尽管赌注不大，影响不好，如果士兵效法，岂不乱套。经过思考，无情面可讲。一次得悉，径去把牌桌掀了，一语不说扭身就走。他们领受这次没趣，再未犯规。考虑到官兵的文化生活，除提倡各连搞多样活动外，与地方联系庙会演戏，鼓励部队参与小节目，军民同欢增进感情，效果不错。山区小县，人口稀少交通闭塞，总的说来文化生活是贫乏的。为了把这一级

搞好部队学习、训练与文化生活

八页

干部融洽地团结在一起，我倡议营部、八、九、机枪连轮流于星期日举行会餐与清唱京剧话谈生活，那一部主官、营部军官参加。这样每一月我们能与每连排级干部联欢一次自由自便的饮酒、谈心、唱歌戏、说笑话，增进了感情加强了团结，交换了意见改进了工作，上下一心足以克敌制胜。

种菜、养猪、上山砍柴改善士兵生活：抗日期间士兵待遇很低，每人每月供给小麦六十斤，副食费很少，仅靠这点供给，士兵是吃不饱的。要严肃军纪不得骚扰百姓，首先要解决吃饱问题。于是我规定小麦自己磨，百斤小麦要磨出百斤麵，虽然麵粗一点，营养仍很丰富。自己打柴、种菜、养猪，副食做到基本自足，士兵伙食得到改善，我不时下到连队吃大锅饭，了解生活情况，提出改善意见。这一段我营士兵身强体壮安心服役。

严肃军纪搞好军民关系：一次听说营部付令兵吴付文与营部驻地对门某女青年关系不正常，决定亲自捉奸。某晚适至某女青年处敲其房门，恰把吴付文堵住，当押回禁闭。并对副官石仪久、付令班长王少清严加训斥，营部人员竟出此败纪之事，令人难以容忍。次日集合营部人员宣布违纪的严重性，决定将吴付文治理，以儆效尤。（实际我是虚晃一枪，我无权杀，不愿治理我的士兵）群众获悉，一下子来二、三十位老太婆跪在我的面前求情，一再申言他们地方风俗不好，女孩子偷情乃经常之事，你的士兵并无强奸行为，处以死刑，有些过重。我们表示不应允，并申言此严重违纪事件，不加严惩，部队战斗力将丧失殆尽，那有力量保卫地方维护治安？军民关系变坏，老百姓还支援我们吗？老婆们无言以对，就是长跪不起，喃喃地一味请求从宽发落。看来教育目的已达，做了一个顺风人情改为打军棍四十，了结此案。请这些老婆起来并道谢。处罚完毕后由王军医敷伤包扎，事后又找吴付文谈话晓以利害，安抚其心。这一事件的处理对地方和部队震动很大，各连均以此例对士兵进行再教育，地方领导人也对百姓严格要求不准与军人调情。事后我在地方作了些调查，发现山区风俗对男女通奸之事很为随便，习以为常。这里山多路险坡地瘠贫，相隔三、五里才有一两户人家，人口稀少有关。坡地只能种些苞谷、土豆之类，缺水缺肥产量不高，人们生活贫困连食盐也很少吃到，人体缺碘，男人们许多要上山种地砍累体力消耗较大，长大脖子的不少，显得笨拙。女人主内劳动较轻长大脖子的较少。特别是交通小道开店的女老板，生活单调，四野无人，性的开放自然形成，常与过路男人发生性关系也就不奇怪了。听说有公开"招夫养夫"的，一般群众不以为耻，地方士绅和官员也不干预，无怪乎淫风蔓延，这点对部队来说，需要十分警惕。

可恶的汉奸：在镇安柞水两县主要交通隘口，我部均设有交通情报，盘查可疑人员侦探我部设防和构筑的工事，以及维护地方治安。1944年某日查获一卖药的小老头，连续数日在我营驻在地设摊悠游，引起我机枪连张排长的注意，并向我汇报这一情况。当时日军已进据豫西一带，距我防地200余里，深入秦岭搜集军事及地形设施情况，完全有可能，很引起我的重视，当即打电话向各情报驻地询问是否发现这个卖药老头在该地悠游过，据各几个要隘处都曾发现这个老头。遂决定叫张排长，进行盘问审查。初审发现此老头卖药不懂药，药物寥寥起不到治病作用，携物中有一小卷白粗布，展开发现，其中稀落断续织进几条红线，难以说明它的作用，显然是一种符号，根据这些跡象，飭令張排长先將其看守，待次日組織人员会审决定。孰料当夜私自进行了审讯，虽问出合乎实况口供，证明其确为日军经过训练派来查获侦察军情、地形、民俗的日军特务，但張排长出于义愤用俞担施刑打至要害致死。此案报司令部后，李司令很为气愤，飭令送司令部军法处依法处理。我认为非法审讯致死，当事人定会受到较重刑罚处分，一个军校十七期毕业生分配来当排长，误伤了一个日本特务而被判几年徒刑，未免有亏。我来安培俊连长共商解脱之法。安连长说：“張排长在连内表现很好，带兵练兵均得其法，如送司令部大难难逃，希望营长设法为其解脱，打死个日本特务，他罪有应得，牺牲个排长，兵心难服。”最后我决定：“送他路费让他回新丰镇老家吧！暂时不要找工作，缓缓再说。”事后我在电话上报告李副司令说：“張排长在押送途中逃跑，由于我安排不周，请求处分我吧！”李司令对我很重用，很信任，他也是聪明人，这事也就不了了之。我的部下对我的反映是“我们营长平时对我们要求极严，但出了错他一人承担，跟他当部下，大胆心细地干，出了错能原谅你。”

部下有过，我承担

五九年有陕西外调人员来开封四中找我证明当年张排长在柞水打死的是共产党人还是日本特务？我当然如实证明："打死的是日本特务"。过了一年从陕西又来位四十来岁的外调人员，又要我写证明，明确写出张排长在柞水打死人的经过，我写的仍如前。此人善谈，闲聊时他透露（漏）说他去柞水外调，群众还说你当年[illegible]好，正直无私，为地方做了不少好事。我听笑笑而已。

柞水县山多地瘠人民贫苦，特别是山峰巅叠陡峭斜坡在山坡上偶有薄土中种点玉米、土豆、包白菜之类，长势不好，还经常受到狗熊、野猪之类野兽践踏，收获甚微，而且地主按山沟收租，有无收获照样交粮，农民苦不堪言。我深表同情，多次向县长建议：在河上筑坝搞小水库，调节水源，开垦沟地种稻，增加收成。利用河水位落势，造水磨、水冲，磨面、碾米，生产土纸张外销。抗战期间物资缺乏，虽然靠人力运输仍可增加收入。坡地种核桃、柿子等，核桃可保存，柿子做成柿饼外销。山地喂羊，赶出秦岭出售。县长虽十分赞赏我的建议，但困难确也不少，人才与资金是

向柞水县长建议[illegible]

較大困難。关于人才我建议即开办职业学校，我承担"物理""化学"等课，其他课程教师设法外聘，凡我学官能胜任的课，义务任教。经过努力利用一该庙宇总算开学了，但技术课程聘不来教师，不能按意愿来办。1945年年底抗日胜利守备区撤销，部队等调出山，我将利用节约筑工事剩下的木材建在营部后院的一座草、木结构的小木楼送给了学校使用，以为鼓励办学的纪念。临出山时，沿途所经村，老群众自动设桌备酒欢送，直至出柞水县境。

为民申冤：1943年某日，一老媪到我家找我告状，说要告他乡的乡长×××，我说部队不受民事案件，老妪说："我的冤枉县乡都不管，听说营长是个清官，我跑了百十里才找到你家来"。出于同情心我说："把情况摆一摆，看我能否帮忙。"老妪说："乡长×××看中了我儿媳妇，意欲长期霸占撵房，把我独生儿抓了壮丁送走了，儿媳也霸占，剩我个孤老婆没法活下去了。"我深知地方乡保长象土皇帝一样、谁惹得起！县里也让他三分，告然官司无处打！我说："既然这样，试试吧！你有状子吗？"老妪说："谁敢替我写状子，自找麻烦！"我说："那好吧！我来代笔。"问清详情，代写一份状子并附上我指挥部公函，称明"转去民诉一份，希将处理结果函复。"交由到县里告状。我附的函起到必须认真办理的效果。后得函复："已秉公办理，儿媳回家，×乡长已被撤职。"

为民追回被抓壮丁：1944年某日接到营盘侦情报苗排长电话："从山外进入要路经营盘、柞水、镇安到安康接新兵的某团干部、士兵约二百人已进入营盘驻地宿营，此部纪律很差，乱住民房，乱拿民物，经劝阻不听，态度极坏，几乎与我部发生冲突。据群众报告，此部正在营盘以北沿途抓本地壮丁数名，估计今下午经柞水县城到营部驻在地石咀子宿营，请营长注意防范，并交涉要回在柞水境内所抓壮丁，以安民心。"以此情况估计此部仍会闹事，为防止再生事态，命苏娄、李两连长率兵、机枪连主力布置在石咀子东西山头，有意暴露机枪及哨兵位置，起到威慑作用，未受命令不准开火。少数人布置在石咀子营地站哨，做说服来部工作。七连由李连长率一个排，在石咀子北头学校院内隐蔽待命，如石咀子街内有情况我派人传令出去，如对方开枪可以还击，目的在阻止事态发展，不可消灭对方，必要时取对峙状态，听候命令行事。我的指挥位置仍在驻地营部。下午四点多钟该部到达我营驻地石咀子，不出所料，入街乱住民房乱卸门板，机枪连政治指导员带兵干预，又几乎斗殴。我得报后即令李连长率该部武装前进，并将滋事者逮捕，未发生武装冲突。正其时该部队团长来到营部交涉，我和颜悦色以礼相待，他发现我年龄很轻，气宇不凡（时我年廿八岁，任中校营长）见面就说："老弟是黄埔出身吧！"见来人年龄四十以下，带有文气，听其第一句话，估计也是黄埔出身，答言："老大哥是几期的？""是八期毕业""我是十二期砲科毕业""自己同学啥子好说"气氛更为和缓。我说："老哥奉命守备秦岭东部，任务繁重，光靠我一营兵力难以完成大任。首先要保证地方平静，军民团结，军政合作，军民团结如一人，借日军来犯才能共同抗敌，使上级指挥获得时间，择军歼敌。请你我部特别注意军纪整饬，维护治安，保证人民安居乐业，取得民心，为更好地完成任务打下基础。

对贵部有所冒犯，敬请原谅。"该团长说："不必客气，老弟青年有为，所作所为完全正确，只怪我对部属要求不严，彼此发生误会，原谅，原谅，老弟说这事如何解决吧！"我说："承老大哥见看，我有三点建议：1.双方立即解除对峙状态。2.我派人引导贵部到前进路上离此三里的沈家沟口沈家大院宿营，避免双方再生磨擦。3.请老大哥查明在柞水境内所抓壮丁，就地释放，交村镇维护地方治安。"该团长说："就照老弟建议办吧！"此事就此了结。事后史县长及地方士绅对我有礼、有节、精明细致的处世能力深表赞赏。

顺利调解了镇、柞两县多年为争地盘的械斗：

柞水和镇安两县是秦岭东部南麓两个邻县，柞水主要山区，山多地贫人口三、四万人，其县南境部，与镇安交界，随其地势走向，两县边界犬牙相错，极不规整，甚至还有飞地，很不便于管理，由于人口分布与地质好坏，边界人民为争好地常生争斗，抗日前省方派人重为划界，均未妥善解决。抗日战起，省方无暇顾及，悬案未决，仍是械斗不已。镇安地处低山部，地质及气候较好，全县人口十一、二万，实力与较柞水为强，地方士绅颇有仗势欺人之弊，常主动发起攻势，在边区逞凶，两县县长无力干预，虽不明目支持，也无能反对，械斗连年，照例报呈省方处理，不了了之。1944年春镇安一方又发动攻势，有组织有计划地调集数千群众，佔领边界山岭，示威逞凶，柞水境内群众纷纷逃离，田地房屋任其践踏。此佔领地离我在柞水石咀子指挥部约十华里左右，我得报此情后除向西安守备司令部汇报转呈请示处理外，为确保地方治安，维护地方平静，不给日寇可乘之机，决心出面干预。

命驻柞水的八、九、机枪连即处于战备状态，听候调遣，并着八连派一个排进驻次沟口待命，我率营部副官石信文及传令班到次沟口设部指挥，副营长刘长志留守石咀子与我保持联系。安排完毕我即过铁索桥向次沟口进发，当我行近桥头时，一群士绅和群众劝阻我不要亲自前往，说："镇安人很野蛮不讲礼，指挥官最好不要亲往，以免出事。"我说："没关系，军人不考虑个人生死，只要地方安宁，自己即令牺牲亦尽天职"。当我到达次沟口用望远镜观察，对面山头黑鸦鸦地人头颤动，有约一千多人，当令李排长从左侧沟口进入，接近滋事群众两个班

77

佔領附近山头警戒，带一个班接近群众口头宣传劝
群众速回家，不要影响治安。地界问题，由地方政府会
同双方代表协商，不管怎样不许开枪。李排长去后约
廿分钟，回报说："李排长被地霸抓走，士兵均佔领山头
据枪对峙，没有开枪。"我说："他们决不敢伤害李排长
不要动武要人。命令各班坚守阵地，如对方进攻开枪，可
以还击。"我即派石副官前往你们处，就实地情况处理问
题。"回头交付石副官："你带一名持手枪的传令兵去，进入
李排阵地，先注意观察群众中谁是指挥者，看准后带几名徒
手士兵速进入群众中将其抓获送来我处。"约半小时后一名群
众被五花大绑送来我处，浑身颤抖地说："老百姓并不愿意
来闹，都是上头强迫我们，目前正是春耕时期，家里活忙哩！"
我即令左右为此人松绑，并让他坐下给倒一杯茶，和颜悦色
地说："你们为地盘斗斗械斗，争到一片地盘了吗？土地
是国家的，划归那县是那县的，老百姓还不是种地吗？
这要由省里会同地方协商合理解决。闹了破坏了地方治
安，日本人离这里只二、三百里，地方一乱日军乘机攻入，大家都
不得安宁。我写一封信交给你们头头，叫他把抓我部排长及部的手

枪速送回，这是犯法的，念他无知这次原谅他"。在此同时叫书记官梁本立，按我意写了十几张布告，张贴各要路口，动员参加械斗群众速返家春耕，不误农时，争取好收成。经过这样疏通，不到一个时辰群众离散，李排长亦被送回营。我将此次处理情况电告了李司令，他表示处理得当表示赞赏。柞水县的士绅感谢我为他们解除一次压力，而镇安的士绅认为我支持了柞水，瓦解了他们的示威争地的阴谋。表面虽不说什么，暗地里指名告我武装镇压镇安群众。陕西省政府、秦岭中部守备司令部、军委会都有他们的告状。可我处理此事的全部情况均及时向司令部汇报过，无愧于衷未予置理。时过半月，军委会一位高参，名义上说路过柞水到安康，但据沿途哨所报告，该高参每经一地均详询我部军民关系和地方治安情况，直到达我营部驻地石咀子时，我热情地接待了他，此人五十岁上下，是保定军校出身，询问了我地方民情风俗和我部队情况，但未询问镇、柞械斗事。我当分别作了介绍。临走时，我电话通知了沿途哨所予以照顾。事后从司令部获悉，此人系代表军委会来查我对镇柞械斗案的。约一个月后

79

以守备司令部转来一份军委会对我的"传令嘉奖令"指明"我部军纪严明，深得地方爱戴，应予传令嘉奖"云云。说明镇安士绅向军委会告我的状，得到的是相反结果。

1944年初夏我正到终南山私访不在营部，刘副营长接到守备司令部电话，叫把镇安参议长胡协阳及其他九位士绅逮捕送司令部查办。刘副营长考虑不周，直接用地方电话线路通知驻镇安县城第七连李连长将上述各人逮捕送营部（镇安城离石咀子九十华里山路）孰知电话被地方总机窃听走漏消息，结果只抓到参议长胡协阳一人，其余逃跑。当我回到营部得知此情，把刘副营长批评一顿。第二天胡协阳被五花大绑地送来营部，当我见到胡时，即令松绑，并茶饭招待，即席谈心说："为了地界你们不应该动武，扰乱治安，日寇乘机而入，就因小失大，如何向人民交待？编造谎言诬告我镇压群众，与事不符，于今是弄巧成拙了。此去司令部，将要依法审判，希望你深刻检讨，有错认错，我相信会得到从轻发落的。"他说："我们错了，应该认罪，请营长原谅。"我说："我对镇安，根本都是我的防地，决无亲疏之别，祇要保持地方平静，我会帮助你们解决纠纷的。”他说：“请放心，今后我们一定听营长的。”次晨派了一个班将胡协阳送去了长安子午镇守备司令部。

约一个月后接到守备司令部李司令电话：“胡协阳案已经审讯清楚，将要对其判刑，想听听你的看法与意见。”我说：“处罚一个人，他罪有应得，但为地方长治久安，在胡的认罪基础上，把镇安、柞水两县士绅之间纠纷调解一下，解解疙瘩，便于保持地方安宁，有利于我们守备工作的顺利进行。司令看如何？”司令说：“这样也很好，明天我派人将胡协阳送交给你，看着办吧！”当时我即向镇安县长挂了电话，说明了我已保释胡协阳，准备在我营部召集镇柞两方士绅代表，促成两方团结一致共赴国难。请通知贵县参议会派几位代表后天中午前来石咀子营部，一方面迎接胡议长回县，一面与柞水士绅代表共叙团结友谊之情，共谋地方安宁平静。这一情况同时通知了柞水县长史恒信，届时派人与会。

我备了一桌酒，在家里宴请了双方士绅代表，列席讲了抗战形势，两县的地理位置，团结一致完成守备任务的重要性。地界之争应改由省府组织两县有关人士共同协商解决的道理，冤家宜解不宜结，要为子孙后代的和睦相处打下良好基础，两县人民世代和好下去，为美好的未来互助互励，共建家园。一席话说得双方连连称是，握手言欢，保证今后两县人民和平相处，不再抗争。两县的纠纷就此顺利解决。向李司令汇报了处理经过，他表示十分满意。

镇安士绅向我结礼道歉

镇安士绅表示对我的感谢，邀请我到镇安向全县参议员讲讲话进一步增进军民感情。1944年夏，我雇了付滑杆，带了两名传令兵赴约，镇、柞两地相距九十华里，每过一集镇，当地士绅及群众列队欢迎，设宴款待，一天几宴盛意难却，九十里路竟走了三天。到达镇安城，更是盛况空前，除县长、参议长、国民兵团长其他绅士等远迎于城廓外，群众聚集街道两侧连绵一里余，争看谁是沈营长。斯时我穿的是一套士兵服装，着的草鞋，年龄廿几岁，可能不像群众所想那样威风，但从地方官员的簇拥情况仍是认出谁是沈营长，议论纷纷，传为美谈。在镇安应酬频烦，首先是参议会接风，县长宴请、国民兵团宴请，继之全体参议员宴会、讲话、连县立中学亦邀请我为他们全体师生讲课，理由是我曾担任柞水县立中学校物理课，要求也为他们讲课。我一再解釋时间和地点沒有这种可能，答应他们向师生们作一次讲话，题目是"现代武器与战争"回应了这次要求。在镇安逗留了四、五天，圆满地完成这次访问，顺便把驻镇安的第七连的军纪、训练与地方关系检查了一下，返回柞水石咀子。

回柞水不久原抓我李排长的镇安某乡乡长送来全猪全羊及匾一块，上书"恩威并济"前来营部向我赔罪，我说："为了地方安宁没有什么！"他邀请我次日到他们乡坐坐，我说："可以、可以"次日我带上李排长赴宴，与地方群众讲讲话，了此情结。

乡长送匾

回想当年处理此案，主导思想是全心为了地方安宁，不夹杂任何个人恩怨，不偏不倚，问题处理得较好，如果稍动肝火，意气用事，将会弄得很糟糕。

柞水人民为我歌功颂德；但镇安人民给我荣誉后

柞水人民纷纷抬着全猪并送来银盾一块，上书"细柳风范"深觉对我过誉，我感情地答谢了他们。

为群众灭火：　1945年秋后，日本已经投降，抗战胜利，我已随老部队所辖调出秦岭，某日石咀子街北头突然起火，由于草房较多，蔓延很快，我当即集合营部及机枪连全体人员灭火，经过一小时奋战，火将烧到我营部隔墙时火被扑灭，群众传云"营长福大待人好，火神也让他三分"虽属迷信，也说明群众对我的看法。

载誉出山：　1945年初冬部队奉命出山到陕西郿县整训，出发前命令各连所有借用物件一律送还，损坏的要赔偿，房舍打扫干净，周围环境整理好。出发时县里有关人士前来送行，各连驻地群众依依告别，情景感人。未料到的是沿途每过村镇群众均设酒菜送别直到出柞水县境，民情之纯朴令人感动。

难忘的中年时代：——

1946年我已卅岁进入了中年"卅而立"社会经验、学识能力渐趋成熟，应该是大有作为的时代，但政治环境、军的形势，使置身于蒋管区军政人员及人民群众卷入国共两军、政斗争之中，抗日胜利的微笑，变成愁眉苦脸，振兴中华之志，被战火烧得七零八落，被迫随波逐流，一筹莫展。我的整个中年时代就在这风风火火，坎坎坷坷险途中翻腾，起起伏伏，历尽沧桑得幸尚存。

1946年春部队进行缩编，军改整编师，辖两个整编旅，师改为整编旅辖两个团，团兼併或分散补充他团。我秦岭中部守备团编归整编了6师，这个师的部队布置在阻挡八路军南犯的碉堡沿线上，眼看此去参加反共序列是无疑的了。参加内战虽非我所愿，但军人以"服从为天职"没有个人选择的余地。我的家眷原住西安，为了他们有个可靠的安身之地，将他们送回开封，依托王姐和硌芝母亲和三婶婶照料，当时玲玲五岁、聪聪三岁，安排了个河南籍的士兵在家做饭打杂，与王姐一家住在开封杼贤人巷一个独院里，等待时机再谋聚合。我率部队到平凉36师报到，往期间留本营于屯字镇，原归36师28旅编制，率部到达镇原旅部，旅部将我调任84团副团长，而我率的全营人马划归八二团建制。这种安排实际是一种排斥

与多年相处的部属分手

行动，使我个人与带领多年的部队分离，破坏了固有的团结联系，在[illegible]部队感情联系是维系人心的主要因素，如果把我调为[illegible]团副团长，[illegible]营就能牢固地掌握在我手，继续发挥战斗力，反之人心涣散，各自分飞。事实正是如此，这个营的军官纷纷申请编余到军官总队去了，多数复员回乡。我与全营分手时，他们为我举行了盛大的欢送宴会，全体军官照了集体相，我分送每位军官一张单身相留念，相聚六年的战友从此分手了。

我到八四团报到后，违心地参加到反共战争行列，团长是黄埔六期的袁致中，我作为副团长处于辅助地位，由于反内战的心情，我抱着得过且过的态度，相机摆脱内战环境。但军人是要服从军令的，如安排我的任务，势必执行。这个团属于机动部队，经常调动，从豫东而晋南而陕北，没有打过一次硬仗，正如中共广播电台宣传的那样："蒋军武装游行、运输大队"。一年时间内在豫东救援、晋南扫荡、进出中条山，疲于奔命没有战果。八路军採取的游击战术，解放区的民运工作做得很好，

86

蒋军进入解放区作战，当了瞎子和聋子，远距离情报几乎无法获得，所到之处，人去屋空，牛羊粮食埋藏，我们士兵肩负枪支粮弹多达三、四十斤，不仅行动迟缓，精力消耗甚大，山区补给后方补给困难，路途还埋伏有三、五民兵打冷枪，严重干扰着大部队行动。战争的目的在于消灭对方的有生力量，摧毁其战斗力，其最终胜利还又取决于民心背向。蒋军发动的这场内战，首先是不得民心，八年抗战国力日弱，抗战胜利后，人心思治百业待兴，蒋介石拒绝与中共合作振兴中华，憑藉美帝国主义的物资与武器支援和其收敛储物资和有限的设备，妄图以军事威慑消灭在中国这片乐土上的社会主义，实现梦想。我们这些有知识有文化原为抗日救国复兴民族、振兴中华而战的青、中年军官，早已看清这一点，早也厌烦这场不义的战争，但人微言轻，又是职业军人，背地里（包括旅、团级领导干部）虽有反战情绪，但无能扭转大局，随波逐流消极应付，军心如此那有不败之理！

1947年3月，我团奉命从山西大宁以西渡过黄河迂向延安方向挺进，参加了胡宗南所系廿余万人马进攻延安的行列，经过一日的战备行军沿途除有少数民兵在沟脊打冷枪干扰行军外，没有发生战斗、沿途村镇空无一人，偶有土雷埋设障路，经过迅速排除，並本阻止不了我团前进道路，及到达木瓜险要附近，友邻正前方筑有临时性工事，据空军侦察报约有一个营兵力，该筑工事简陋，但地[illegible]要，大有一夫当关万夫莫敌之势，"险要"在沟脊梁上，两侧均为深沟，隔深相望不足一千米，轻武器达不到有效射程，但〃=迫炮射给予很大威胁与破坏，如从隔沟脊上、下仰攻木瓜险要两侧，攻程达廿余里，攻而难取，只有从正面进攻。从正面仰攻木瓜险要，攻程约千余米，坡度30—50度，既然攻击路线只有这一条，迂廻、包围均无可能，只有奋力仰攻。上级布署两侧均有友军用火力支援压制，上空有飞机对"险要"轰炸，我团配备有轻型火箭炮、火焰喷射器进行仰攻，由于解放军没有死守木瓜险要的目的，经约一个小时的仰攻伤亡数十人，即攻佔了险要阵地，打开前进道路。险要离延安城数十里，一路再无战斗，大军源源进入延安及其附近。我团因是先头部队

仰攻木瓜险要进入延安

最先进入延安，拦知阻我前进的是王震的三五九旅，他们已撤至延安北安塞。我们占领的延安是一座空城，老百姓全部撤走空无一物，原中共机关驻在地，连家俱也全部收藏起来，本来城市不大商店寥寥，连找一口水也是困难的。我们的给养和日用品全是从西安方面用汽车运来的。真正做到了"空室清野"。我团进入延安后奉命驻守宝塔山，加紧构筑工事，清扫视野，以防解放军反攻。数日后延安人民又纷纷回家。由于胡宗南在延安设置了前敌指挥部，长官部机关人员大部份调来延安，西安物资源源运来，空运不断，商人等随之来，顿时繁华起来，没有一点战争气息。这暂时的平静与繁华，却埋伏了更大的危机。西安到延安有一条四百公里质量不好的公路，从铜川以北基本上是原解放区，八路军在这有群众基础，游击队在公路两侧行动自如，每每夜间袭击蒋军在公路上设置的据点，如同"瓮中取鳖"，破坏道路、桥梁易于反掌。然而这条公路是陕北几十万胡军的主要补给线，一旦被切断，危及胡军粮弹补给。陕北地区本来就贫穷，大军补给困难筹粮不足收获季节根本没有可能，这条公路成了胡军的生命线。虽然布置了两个旅筑据点护路，兵力分散处处薄弱。解放军经常集中优势兵力打点，攻破即撤，来去无踪，使护路部队疲于奔命仍然保持不了公路的畅通。补给线如此脆弱对军心影响甚大，虽可用空运弥补，杯水车薪无济于事。延安这座空城虽被占领了，但解放军有生力量依然存在且未离开过延安这座死城的周围，正在捉捕战机消灭胡军。在延安未及一周，胡宗南命令我卅一旅旅长率旅部及九二团（我九一团仍守延安宝塔山），向延安东北方向挺进，战前行军至离延安约卅公里青化砭处，旅长李纪云（黄埔四期生）发现正前方地形复杂，如继续前进就进入一个布袋口，倘有伏兵必遭灭顶之灾。旅长李纪云电报请示延安指挥部，意欲就地占领要点，把青化砭周围情况战斗搜索摸清敌情后再作前进。然而指挥部未接受李旅长意见，仍令继续前进。这一来遭到全被歼灭李旅长被俘的结果。也是胡军占领延安后第一次被解放军吃掉的部队，相继瓦窑堡、绥德等战斗损兵折将，每况愈下，错误的战争，错误的打法尽管兵员众多，武器相

青化砭一役卅一旅被歼

对优良，民怨沸腾，士无斗志焉有不败之理！

1947年四、五月间，正值胡宗南大吹大擂其收复延安之丰功伟绩时，我看脱离内战战场的机会已经到来，遂速找师长王晋请假到西安看病，师长说："正在战争时期，前方离不开人，看病了以后再说"我说："延安收复已取得伟大胜利，我抱病已在陇东、晋南、陕北战场拖了一年，乘此部队休整之时，抓紧看看病是难得的机会。"王师长说："你不能走，坚持一段吧！"我请假不能，祇好硬走了。退出后径到前敌指挥部的同学问："今天有飞机来吗？"答："下午就有，你想到西安去吗？届时我给你电话。"接到电话后我找团长王子烈说："我已向王师长请假了，马上乘飞机到西安看看病再回来。"王团长感到突然，也莫可奈何！我带着传令兵吴传文拿着行李赶到飞机场乘飞机，并交待吴传文，带着我在延安获得的马、恩、列、斯，及鲁迅全集乘汽车到西安找我。从此机巧地离开延安，不再参与违心的反人民战争。

毅然脱离内战行列

在西安仅留数日即乘火车返汴与家人团聚，在汴期间寻找改行另谋生路，但困难很多，没有关系，谁能安插你。

三叔岳（启黄随他成长）其实是我的岳父，他一向欣赏与信任我，手上有些钱，在开封还有几处房产，他力主我改行从商，资金由他出，顺便也照顾了他家（他的儿子沈醒洲才几岁）由于我一向卑视商人，堂堂中校军官，不能降低身份，未予应允。在家只留廿余日，觉得在开封很难找到合适的工作，遂返回西安，那里熟人多，同学多，估计路子宽些。到西安后各处走动了下，碰到刘显廷同学，他与我同在卅一旅工作，我任九一团副团长，他在旅部任参谋主任，青化砭全军覆没时，他只身逃回延安，首先与我在团部会聚，我俩聚谈了很多对内战的看法，结成了反战同志。这次在西安聚首，他对我毅然脱离内战战场感到高兴，谈到我工作问题时，他说："我的堂兄刘钊铭新近接任西安第二军官训练班主任，这所训练班是在结束后的军校第七分校的基础上成立起来，教学设备不错，学员是从各部队抽来上尉以下军官，素质不错。带军官学员需要有带兵经验的干部，吾兄正是这号材料，我介绍你去一定受到欢迎。"我想搞军事教育也好，反正不参与内战了。持介绍信见到刘钊铭主任，他深表欢迎，当委我为第二大队第一中队中校队长，很快接收学员开始训练。学科由各

担任军校中、大队长

兵种技官担任，我主任术科训练。由于我的学术素养和多年练兵经验，结合吸收日、德、美练兵方法，我的军事训练实战性强，校总队长、班部各主处、科赞赏，未久刘钊铭主任调升我为第二大队中校副大队长，代理大队长职务，成为五个大队中的佼佼者。生活安定了，即电告留芝携孩、聪两儿乘飞机从郑州到达西安，一家人又团聚，度着清静生活。随着解放军节节胜利，洛阳失守，西安也受到威胁。军训班是学校，48年秋军训班奉命后迁，我派副官石信文把家眷乘汽车先送汉中暂住，我带着学员徒步行军沿陕川公路越[illegible]、秦岭，经双十铺、庙台子、褒城、~~广元、剑门关、剑阁、梓潼~~，到陕西勉县老飞机场加紧对学员学、术训练，数月后学员毕业分回部队，以后未招生。此时局继续恶化，班部奉命迁四川新都，各大队自找汽车连同家眷齐迁新都城内待命。1949年春班主任刘钊铭发表任某军副军长兼215师长，即调我任643团上校团长。我确实不愿再任带兵官投入内战行列，碍于刘师长的厚爱（五位大队长就从班里调我一人任团长）只得从成都乘民航机到汉中就任。这个师是收容败北的官兵为主而成立的，思想素质都较差，我也无意费大气力整顿，好在我的旧部风闻我当了团长从各地投奔而来，充实了我团部的力量。副团长是刘师长的侄儿刘××（黄埔十四期毕业）是得力助手。名义上我仍兼军训班大队长，未便大量抽人到团，只是大队部军需副官、何金兵等调升到团任职，调了几位上尉区队长到团任连长，其他官兵均系收容编成。部队驻金堂，我家眷仍寄住新都，每逢星期日回家看看。1949年12月下旬战局继续恶化，解放军对成都已成夹击之势，胡宗南飞离成都，军校教育长万耀煌亦逃离成都，丢下军校教职员和入校不久军校廿四期学生而不闻问。李文兵团十几个军撤离成都意欲进入西昌，再图挣扎。然而解放军进军迅猛在新津把李兵团层层包围，只好投诚。大势已去，为了保持忠义之情，我与师长刘剑铭辞行后只身回到新都参加了军校的起义行列签名通电。

在成都起义的军校教职员生一万多人，起义后均编入十八集团军随营学校学习，未久改为解放军西南军政大学川西分校，学习主要内容是"社会发展史"，偶尔参加些自用自食粮食劳动运输活动，体会到劳动的意义，领略到解放军对部队的教育管理方法；严格遵守三大纪律八项注意的要求，搞好军民关系，提高政治思想认识，鼓励为人民的解放而奋斗牺牲，人格平等，生活基本一致。吃供给制官兵在物质待遇上基本一致，同甘共苦，团结奋进。通过文娱活动，忆苦思甜等形式，提高思想觉悟，鼓舞士气，达到歼灭敌人目的。这与反动部队的练兵教兵的方式大相径庭，是反动本质的局限，旧部队不愿做到也不可能做到的。

在西南军大的学习的半年，现黄埔军校廿四期学生毕业，全部分发到抗美援朝行列，我们在校的原黄埔军校教职教员重新编队，我因是反动派的上校级别，编入团级部队学习，全队共上校级学员102人，除原军校上校军官外其他起义部队的上校军官一齐编入，紧接展开忠诚老实运动，中灶大食都很好，一连两个星期不准过"礼拜六"（解放军实行"礼拜六"制，只有这一天才准与妻儿会聚）交代个人历史并要小组质询通过。我的家眷（敏之和玲、聪）我考虑到他们一下子难适应集体生活，未叫他们参加妇女队学习劳动，自费分居民间生活。"谈老实话"期间自然不能与我见面，使他们处于疑虑之中，但我的消息还是能打听到的。

"法老实"运动过后未久，忽接队长通知叫我和另一位原军校上校战术教官 ×× 到队部去一趟，当我俩到达队部，队长笑脸相迎说"到堂厅坐"，刚进入堂厅发现放了一桌酒菜，真乃"丈二和尚摸不着头脑"入席后队长说"恭喜你们提前毕业了"，递给我俩各一张"西南军大川西分校毕业证书"，又说："明天上午八时到 × 地带着家眷上汽车，送你们到工作岗位"到何地任何职一概不知，我们也不好再问。酒酣饭饱后告别队长们，兴冲冲地回家与老伴共同收拾行李，欢快地一家人次晨上了汽车。一共有三辆大卡车，发现有廿多人上尉、少校、中校的都有绝大部份是军校毕业生，上校的就我和陈 × 两还同坐一辆车上，他是四川人，没有带家眷。从新都出发，向川北南充方向前进，进入川北后逢大县、市下去一批人接近南充时祇剩下我一家和陈 ×。到达南充军区招待所时来了几位干部模样的，非常热情地帮助卸行李抱孩子（这时玲玲九岁，联联七岁）送入予订好的房间，饭也准备好，安安身身地休息下来。次日上午军区司令部派来一位军训科科长 ×××（是原军校第 16 期黄埔生）与我们谈

提前毕业分配工作

话，带来学习文件笔记本等，向我们说："军区要搞大练兵，正规化，特请你们几位来军区司令部任参议，协助我军搞军训工作"并说："明天上午政委胡耀邦、[illegible]及李文清将请你们开座谈会并设宴为你们洗尘。"第一次走上解放军部队岗位，心情很不平静，但感觉到对我们倍加礼遇，顿消疑虑。次晨军训科长×××带来两辆吉普车把我们几位（川军某少将参谋处长侯迪吉、国军某少将副师长李×× 少将教官侯×，上校团长田子生[illegible]（十期）上校副师长何宗文（八期）上校教官陈×（子教班）上校团长沈继周等九人）把我们接到川北军区司令部，首先进行茶话会，胡耀邦政委主持了会议。在各自介绍了姓名后，胡政委讲话："现在全军要进行大练兵，要求军队正规化，各位均是军校出身文武全才，练兵有素，是我们大练兵最需要的人才，特请你们来帮助我们搞好全军区部队的军事训练，担任军区司令部的参议，请不要有思想顾虑，有职有权，大胆工作。我们认为先革命后革命都是革命，没有先后之分，革命事业需要大批人才，只有要参加革命一概欢迎。我是放牛娃出

胡耀邦设宴招待

身，当年因没有饭吃，才跟着共产党走的，谁懂得马列主义，是在斗争中逐渐成长，才知道啥是共产主义！各位不要有自卑感，要相信党相信人民，贡献才干为人民做贡献。"紧接着又举起一本军训部发的一本"全军军训计划"，指着上面左上角戳印"极机密"三个字说："这是一件极机密文件，当面交给你们，根据上面要求请你们拟定本军的军训计划，你们说不信任你们能把极机密文件交给你们吗？"胡政委的一席话打开了我们心扉，感到心地热呼呼的！暗下决心贡献全身解数，把军训工作做好。座谈会后到小餐厅参加宴请，作陪的均是军区首长级领导人如副政委、政治部主任、参谋长等，一共两桌人，菜肴丰富，觥筹交错气氛热烈，政委、司令员等频频向我们敬酒，特别是胡耀邦政委，格外热情，海量饮人，浓情厚意却之不恭，结果我们几个新任参议，都是醉意浓浓后才用汽车把我送回招待所。第一次与共产党员聚会，印象极深，觉得他们心胸开豁待人诚恳，谈吐坦率令人折服，使我们真心实意地愿与他们合作，为人民的事业贡献终身。

胡讲话中肯感人

在招待所住了几天，军区司令部内的参议室办公室及我们家属的住房均修整一新，按解放军的规定团级以上的干部才准带家眷，而且家眷也要参加工作，每星期六才能会聚，对我们参议来说，怕我们一时生活不习惯，特别照顾家眷仍与各自的丈夫住在一起，分配有小房间，我的室内设双人床一张、单人床一张（给孩子睡）另有桌椅等。同住了一段时间了解了各家属的文化程度及工作能力，昭芝被分配到妇女学校任文化教员，玲、聪送到子弟学校上学，各到各的单位单独生活，我们参议仍按起义时级别待遇，我原是正团级，在参议室仍是团级，供给制吃中灶，每月零花钱伍元。昭芝当教员战士待遇吃大灶，每月叁元另花钱。玲、聪战士待遇但吃中灶，以利于身体发育。供给制是饭来张口、衣来伸手，需用的物品一概供给，上下级生活上无大差异，过的是等于共产主义生活，没有家庭也无家务倒能专心致志地干工作，每到星期六下午昭芝带玲、聪回参议室团聚；玲聪带饭票与我到中灶吃饭，昭芝到大灶食堂打饭回室吃，各吃各的。中灶十五、六人就餐，每桌七、八道菜，经常变饭，伙食与旧相当好，大灶营养不差

在军区生活概况

就是菜钢这，每逢节日砺芝下到中灶就餐，以示招待。

喜添小翀

51年初，砺芝怀了翀翀，吃大灶常感恶心，碍于情面不好意思向领导提出吃小灶饭，只好忍着点。每逢星期天我就带着他们进南京城吃馆子，以弥补营养的需要。51年12月15日，砺芝在军区保健院生下翀翀。按规定女同志生了孩子有工作的可领保育费和褓姆费，按当时的水平供给的足敷应用。恰巧生下翀翀无乳哺育，找到军区附近一农妇为奶母，虽是小户人家，却很干净，哺育得很细心，星期天连褓姆接到秀议家玩玩，同时招待她吃点好的，以充实她的乳汁。这一段无家庭供给制的生活，别具风格，每逢相聚格外新鲜，轻松愉快。

在川北军区这段时间的工作，做到了竭尽所能，拟定了全军军训计划，开设了中级军事指挥干部培训班，编写了教材，组织了全军运动会，担任了教学任务，视察和指导了团队的军事训练等。我分担了炮兵战术与技术课程的教学任务。解放军的武器装备，基本是缴收蒋军的，并不十分完整，中下级指挥员多数未经过军事培训，要求军队正规化，难度不小。炮兵是个技术兵种，即令

100

是指挥砲兵配合步兵作战，也得懂砲的种类、性能、各种砲的弹道形状、适用的地形、射程的大小、运动方式、弹药的种类和补给，火力的配合与作用……但我身边任何实物都没有，就得会声会色地把教学任务完成。我要面对的学习者是营、团级指挥员，他们有一定的作战经验，特别是游击战，但在兵种联合作战的经验知之甚少。为了使他们对大砲的种类与性能及使用方法有较深印象，我编写了一本"砲兵战术与技术概要"的小册子，并从文工团调来几位能写会画的人员，画了许多实物图和图表，授课时我主讲，由一位助教翻图表配合讲解，效果尚好。主课讲完后，特定了一个时间由学员提问，当场解答他们提出的问题。

执教砲兵技术课

政委胡耀邦是一位善于与党外人士共事的好领导，他助于读书学习，他办公室里放满了各类书籍，谈吐虽极坦率，但富有哲理、有说服力、没有官气平易待人。有时找我们到他们小灶小酌几杯，邀请我们参加舞会，我从来不会跳交际舞，他动员我学习，指定女文工团员教我学三步四步舞。傍晚常与我们一起打网球，非常随和。正如他第一次招待我们上任时茶话会上所说："革命不分先后，参加革命我们就欢迎，不要有自卑感"他确是这样做的，七、八十年代一直当上党的总书记，对一个放牛娃出身的共产党人来说，决不是偶然的。是一个为共产主义事业奋斗终身的好党员、好领导，为人民的事业做了许多贡献，与他交往过的人一直敬佩他、怀念他。

在川北学区工作时精神上比较舒畅，工作环境较好，生活待遇与团级老干部一样，没有歧视现象，例如我们发的是呢制服穿着起来总觉不好意思，怕一些级别低的老资格背后议论我们，实际上我们还是着布棉袄，领导上为这事专门做我们工作，一再声称：在革命工作没有新老之分，按制度办事。再如团级以上干部要配备一名勤工员，我们一再婉谢，并以集体办公有一名勤务员就行了，不必浪费人力。这意见领导接受了，但外出视察还是按规派了勤工员。所有这些措施使我们深受教育，人民军队有职务之分，没有贵贱之分，生活按需照顾，官兵一致，政治上人格上平等。五十年代这种精神一直贯串着，一心为人民作贡献，从不讲价钱。于今社会上这种精神几手没有了，一切"向钱看"钱、权交易，日趋腐败，贫富距离拉大，矛盾重重，诚如古人云"不患贫、患不均"。穷不是社会主义，但物质文明与精神文明必须齐头并进，思想跟不上"一心为私"，社会矛盾难以解决。

1951年冬，军区展开了"三反运动"（反贪污、反浪费、反官僚主义）的群众运动，为时不久，就把军区后勤部长弄了出来，调到司令部一间房里隔离反省。这间房子恰靠参议室最近，我们亲眼看到，不准他行动自由的状况，这种状况我们很感震惊。运动对象先从领导干部下手，这在反动派是少有的，而且当大官的那个不贪污，习以为常，这说明共产党的干部在政治上一律平等，不存在官官相护情况，怎不令人敬服？来人运动的矛头对着参议室，尤其是当过团长的几位，要交待在旧社会贪污情况。我当过团长，当然矛头也对过我。不过我并未感到压力，认为在旧部队来赶扣过军饷，喝过兵血，吃过空缺，也是为了：办公费太少，不敷开支，官兵医药条件太差，给官兵有病补助无从开支，必要的应酬要花钱……在当时只有吃空缺来解决，几年来除开支外尚存手饰和金条共约廿余两。我

103

五、三反运动，[illegible]接受了认识

想已经参加了革命，我又很向往革命前途，认为跟着共产党才是唯一的出路，这点金子解决不了我和家庭生活问题，干脆把它交出，落个轻松。思想通了，用不着谁来斗我，第一次写检查就把这点旧社会贪污写出认识，将实物上交。写明其金数可与在妇校工作的妻子沈启芝进行核对（运动期间，夫妻各在自己单位交待，不准见面，实际上领导未与启芝核对）过了几天全军在大礼堂召开深入运动大会，政治部主任讲完话后，领导早先安排好让我第一个上台坦白发言，讲述了我在旧部队当团长吃空缺贪污的情况，并当场把金手饰和金条廿余两放在讲台上，以示交脏，受到领导领导带头全场热烈鼓掌的欢迎。领导以我坦白交代为例，进一步动员有问题的人坦白交代放下包袱轻装前进。这时启芝也在台下，事后我问她对这感觉如何？关于金子的事找她核对没有？她说，"你思想进步很快，金子虽是多年积蓄，交了心里干净当个道地的"无产阶级"革命更积极。你说的金子的事领导没有问过我，男人的事我也搞不清楚，也未

认为廉于贪污，也未检举过”。錢是身外之物，多了沒啥好处。我的父亲当财務官员贪污过不少錢，据我幼年的印象他讲究吃喝、嫖妓女、吸大煙、讨四个小老婆，佣人成群，那个家庭明争暗斗无宁日，这些都深深印在我脑里。我工作后，沒有抓錢的打算，钟爱妻室儿女，习惯于平淡生活，从未喝、吃、嫖、赌过，一心扑在工作上。所以在这次“三反”运动很快解放了。

另一位当过团长的参议田予生，思想不够开朗，斗去斗来吃了不少苦头，最后还是坦白交待了在旧军队贪污了四十余两黄金。这说明思想认识也要有实践基础，光想自己不看别人的人，做起来很难“大公无私”。

群众运动很易偏激，在解决人民内部矛盾问题经常是打击面过大，伤害人较多，不能以理服人，好在共产党讲究“实事求是”但事后纠偏了结功来。根据“三反”政策，在旧社会待遇较低办公费较少的情况下，贪污点公款而且是为了生活和工作，不在沒收之列，运动结束后手飾全部发还，黄金按当时銀行每两五十元的牌价折合人民幣退还了。

转业到开封

1952年是人民政权基本稳定，四川省的"清匪反霸"工作告一段落，"抗美援朝"也取得决定性的胜利。全国人民解放军进行缩编转业。四川初解放时地方土匪猖獗，蒋帮残余和潜伏特务与地方帮派结合兴风作浪，经过一年多的清剿，已渐平静。原把四川省分划为川东、川西、川南、川北四个军区，要合编四川军区，这样多余人员就多了，除原籍江浙籍的吴伯夫、周兆楷留用外（估计江浙沿海接近台湾）其他省籍者均动员转业回原籍。我虽是江苏籍的，原籍无人，然开封有碧芝家人，我的至姻沈保俊都在开封定居，所以我选择了转业开封。办过转业手续后，领过安家费，集体分送回籍，沿途群众迎送热烈，每到转换点均有专人安置食宿。从南充出发，我一家五口（我、碧芝、玲、聪、琍）与其他人乘汽车第一站到重庆，在重庆休息一天，我带着家人在市里浏览下街，在澡塘包了间洗澡间全家人洗了洗澡，买了些零碎。第二天乘火轮东下，到万县停停一夜上岸为小琍买点鲜奶（这时小琍才半岁，离开奶母只好喂牛奶）到宜昌停了半天换船

到汉口。在汉口休息一天等候换火车北上，利用休息时间去探望外甥女周照，适不在家，我留个条子写上住处，下午她来看了我们，在汉口冷饮店吃了冷饮谈了些家务事分手了。次日乘火车达到洛阳，这时对河南省的归正军人分别乘车回原籍，到开封后住到侯保家住下，第二天统委会派人与我联系，声称开封市正在减员，很难有合适的工作安排，问是否愿意到中教部门工作。我这时的心情——做官之情有什么钱好谈，安排什么工作都行——就这样持着市教育局介绍信达到南关袁家楼私立爱国中学报到了。介绍信中没有明确职务，当时的高校长把我安排在教导处工作。学校当局召集了全校师生开了盛大的欢迎会，既来之则安之。我是该校由上级第一个派来的公职人员，所有教职员对我都很客气，利用机会与大家接触交交，不几天学校放暑假了，市里组织"三反思想改造运动"上级指定我是全校教职员的学习组长，全市各中学教职员均集中在开封市中学习（现在的汴京饭店）学习内容主要是近代历史，我在西南军大

107

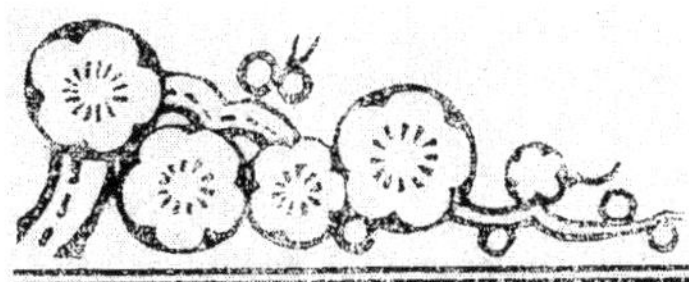

也经过一段学习，领导这段学习，不算个外行。最主要的是宣传政策，动员学习的同志放下包袱，掌握同志们的思想动向，照顾思想顾虑大的同志解放思想。一位年龄稍大的姚寿山老师，在旧社会长大，历史较为复杂，交代历史吞吞吐吐，包袱较重。唯恐其思想不通怕出事故，我担间靠着他睡，以防万一。这一段工作相当忙，照顾开会，打通思想，看材料，写汇报，照顾同志生活，干不完的活。经过努力学习成果比较圆满，没有出偏差，除一人留待继续补充交代外，其余顺利过了难关，学习结束前选优秀教师，我一人当选。

孙子范德

教坛老驥半生誨人不倦

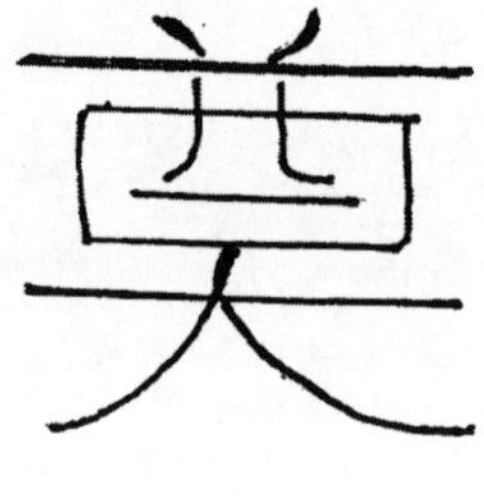

黃埔英豪終身报效中华

从军回忆

1935年夏，我在湖南一中毕业了，这时日寇魔爪已伸入热河、山西、河北各省，在北平附近通州殷汝耕已成立了伪政权，国家民族已处于危亡关头。青年爱国学子按捺不住心胸的愤怒，宁可马革裹尸，也要拯救国家民族于危亡。斯时中央陆军军官学校（黄埔军校）十二期正在全国几个大城市招生，我们长沙的一部份爱国青年，在省教育厅何浩若厅长的支持与帮助下，聚集约百人赴南京投考军校。我们并知黄埔军校是孙中山先生在第一次国共合作期由国共两党领导人共同创造的，当时校门的对联是"升官发财请往他处，贪生怕死莫入斯门"，横幅是"革命者来"，经过东征、北伐的考验，已实证明她是一所彻底为复兴民族振兴中华而奋斗的革命军事学校，我们非常向往。1935年7月我们这个小集体从长沙出发经过车船劳顿到达南京，寄居在清凉山一所长沙人办的中学内，集体食宿，集体报考参加了军校南京初试区的考试，参考人数约六、七千人。初试第一场是身体检查，放榜时年龄以上被淘汰，初试第二场是笔试，语文、外语、数、理、化、史、地共全考、放榜时又淘汰过半，初试及格后由学校每人每日发生活费四角，等待全国各初试区初试及格者来京复试。复试又三场，一场身体检查，较初试检查更严格淘汰下来不在少数；二场笔试，考科目数与初试同，难度不相上下，放榜时当又淘汰不少。三场是口试：一位是谈家常、实际是听口音、看长相；二位是问学科内容，看你实际的文化素质怎样；三位是出难题听答辩看你应变能力和头脑灵活程度例、谈生死观、人生观，看你参学的意图究竟如何？口试完毕随退出考场，使你没有与应考人接触的机会。

这种考试程序实属罕见，初复五场考试历时达两个月，公榜录取正取生400名备取生100名，一两万名爱国学子名落孙山，令人十分惋惜。报考资格订为高中毕业以上文化程度，出于爱国激情大专生超龄（二十二岁以上）报考者为数不少，说明当代青年抗日救国的激情有多高！当年在校的十期，十一期同学每期人数均在两仟以上，编为两个总队，我十二期连同合併来的要塞砲兵学校的学生百余人才七百余人编为一个总队。

据说军校十二期招生也是受中日"何梅协定"的限制，说明当年的日本军国主义者何其猖狂，欲奴役中国人的野心昭然若揭。

入伍生活与学习

1935年9月招收的正取新生及合併来的要塞砲兵学校学生共七百余人编为黄埔军校十二期入伍生团开始为六个月的步兵入伍，分成五个连住南京中华门外通光营房。这六个月是全封闭的，星期日放假也不准外出，营房外的任何消息都不知道，例如，1935年"一二九学生运动"我们毫无所知。每天上午在教室上课，文化课为外语、数、理、化、人生哲学，基本是复习性质，仅微积分一门是新增，有时也讲点步兵操典、野外勤务令等军事小教程，为在操场、野外演练时奠基础。下午全是术科，也是士兵必修的课程，如队形、队列变化、阅兵式、分列式、体操、拳术、劈刺、超越障碍物、轻、重机枪、迫击砲实弹射击与维修，手榴弹投掷等。六个月的步兵入伍结业，经过考试，并根据个人的报志愿进行分科入伍训练，分科学习教室为三个月，

入伍生活

科目应该是：步、骑、炮、工、交辎、通信战车共，我十二期因招收人数少，祇设立了步兵四个队，炮兵一个队，工兵一个队合一个通信区队，各队按其专业训练。我分配到其炮兵队，下属三个区队（教学班）。队设队长、副队长，区队设区队长、区队附各一人均由黄埔前期毕业同学担任，学、术科课程均由队职官担任，内容基本上是属于炮兵士兵应掌握的技能：有骑术、驭术、汽车、摩托车驾驶术、观测学、测量学、光学仪器结构原理、使用方法、调整与维修，体操、拳术等。我们基本上上午课堂讲授，下午操场或野外练习，晚上自习，星期天经过卫生检查后放假，可以自由外出，但外出必需换着外出服，要检注意军、风纪，校方派有检查人员在市街游动检查，对凡外出入伍生或正期学生，即令三两人同步伐不一致也要遭到干预，如有犯纪，不动色声地记下你符号上的队别和姓名，归队后将会受到处罚，轻者批评，重者禁闭，下午六时按时归队点名，迟到者受罚。严格纪律约束下，久之亦成自然。

军校学生　三个月代分科入伍期满经考试及格，升为本校正式

第　4　頁

出发学习：

生，编为中央陆军军官学校十二期留学生总队，由小营迁入黄埔路本校炮校，仍为四个步兵队，一个炮兵队一个工兵队（含通讯区队）开始学生生活与学习。学习时间校室式与学科有战术、地形学、筑城学、兵器学、测绘学、观测学、气象学、射击学等每天下午时多半进行术科训练，内容有：驾驶炮车进行队列变化，野外观测训练（利用光学仪器（炮队镜、平板仪、米位器、经纬仪、测远机……）进行目标的射击诸元（方向、距离、高低）的测得，平面三角测量与绘制，利用目测绘制侦察地形图、火炮进入阵地后对射击诸元的测量与换算，野外风向、风速、气温、气压的测量和风力、气重的计算，以修正射击误差、定期实弹射击与联合兵种演习。体操与拳术均为操练项目。总之术科是把课堂学习的理论在野外作为战斗战术的实际更准确的消灭敌人。

晋升为军校正式学生

1936年12月12日在西安发生了"双十二事变"张学良、杨虎城对蒋介石进行了兵谏，南京黄埔军校在校十一、十二、十三期学生即奉命全部武装赶来杭镇出发，准

双十二事变校内反映

南西上救助蒋校长脱险，事实上有南之战，南京政府中的战、和两派搞得沸沸扬扬，而军校学生并无激情表现，听之任之。同时学生已编入战斗序列待命出发，校外局势变化毫无所知，内部暂时的平静是很自然的。十二月廿四日从报上得知，蒋介石被迫接受联共抗日条件，"西安事变"和平解决。十二月廿六日本期学生奉命整队到黄埔路军校大门两侧迎接校长归来（蒋介石官邸和办公楼在校内东边地区）因为马路并不是很宽，有的同学发现张学良也在车内，同学间议论纷纷，都无意追询内情。

"七七事变"日军开始深入内地

第二次国共合作后，抗日战争全面展开，人民群众抗日热情十分高涨，各派系的军队也迫于形势，纷纷表示服从中央军令，一致抗日救国，开赴各抗日前线参加战斗。惟有地方部队装备很差，训练、素质多不行，中央部队武器装备要好一点，素质、训练各较好，但与日军较之差距仍不小，不过士气非常高昂，受到人民群众爱戴与支持，其前赴后继，勇往直前、不怕牺牲的精神实属可歌可泣，一个战役下来几乎丧失殆尽。这样大规模正面战争十分残酷。中共八路军的部队在敌后，基本采取的是游击战争，能打着便宜就走，有机会消灭敌人就集中优势兵力一举消灭之，战役不算大，但武器弹药装备还能得到补充，无于战斗又不能带走的东西就破坏之，使敌人无法利用。八路军与国民党军配合作打过几次大战，例如忻口战役，因能地利和绝对优势兵和群众的支持，在抗战初期打了个大胜仗，给全国军民极大的鼓舞，更坚定了抗日必胜的信心。以后采取持久战方针，正面战与游击并行，阵地战有胜有败，形成国民党军节节后退，八路军游击区域日益扩大，牵制日军，对牵制日军进攻起到很好的作用。

抗日初期国共和作衛禦敌

黄埔军校从南京节节后迁

"八一三"淞沪战争开始前，日军首次对南京进行了大轰炸，轰炸前已获得可靠的情报，当警报发出后，军校各期学生没有伤亡，也有计划地撤出南京城到北警擒敵，這时我们倒成了观战者，是晚空战甚烈，我防空砲火，其曳光弹在漆黑的夜空，敵机被击落火光时有发现，我们看得几乎忘形。按当时的弹药消耗，实我国力难以承受，而且火砲装备都是舶来品难以再持久，不过这次轰炸南京日军并没占到便宜，地面火力密集猛烈，日机不敢低飞，所以地面损失不大，他的飞机被击落好几架，是战功可言。对我军来说这种场面只能说是昙花一现。

日寇第一次轰炸南京

"八一三"沪战开始后，日轰炸机随时可来南京轰炸，是地已无安全可言，学校开始后撤，第一站是九江，我十二期离毕业时间不到一年了，学校决定我期进驻庐山海会寺，我砲兵队进驻秀峰寺，搭席棚作教室，学生住百姓家，紧张而有序地完成未尽之业。十一、十三期继续后撤武昌，因十一期已届毕业期，到达武昌即毕业分发了。十三期步行沿江而上，目的地是成都，一路上边训练边前进成为随营学校了，校本部及练习营、教导团等仍留武汉，同时派人到成都选校。庐山是个旅游区，不是军事要地，形不成军

学校步步后撤

事因林，我们得到一个平静的学习环境。生活条件比在南京差得多，为了早日投向抗日战场，我们习武劲头十分高涨，学习得更实际、更努力。到1938年初，学习进度全部完成，奉命乘船由九江到武昌举行毕业典礼。由于战争时期，到部队见习六个月过程免去了，直接以少尉军衔分发到全国各国民党部队工作（事后知道我期各兵种同学有十二位悄悄去了延安）。当年苏联支援我国机械化、骡马化火炮装备共十个团，于是我炮兵队同学少数分去各部，而大多数同学以少尉待遇送往湖南零陵炮兵学校尉官班第二期学习，等待火炮装备到来成立炮兵团。在炮校学习内容，基本是苏联炮兵学术内容，着重实用性，实弹射击场次增多，实战性比较强。1938年6月苏联火炮来到，我同学全部分发到各团任排长、观测员、测量员等职务，班长是由炮校教导团分来（是在校时有初中以上文化程度的练兵专科）。新官、新兵、新炮，要求我们在三个月内完成训练任务参加战斗。炮兵属于技术兵，三个月要完成参战任务是非常艰巨的，我们没有被压倒，因为住在此对学生进行教学和

入炮兵学习并等待训装

课，对党学仪器进行个别教育，然后紧密配合，进行观测与测量，这种办法收效快，能应急，但有一缺点全部麻痹。教者是相当辛苦的，如有时间了争取，再进行全面培训，问题就解决。另方面是驭手培训，当年入伍士兵绝大部是湖南兵，个子低，体力差，身高仅及骡子背，跳跃上马比较困难，拟将加强体操锻练，终于达标。38年7、8月间奉命开拔到河南洛阳待命，那个时间很短仍抓紧在黄河岸实弹射击以增强战斗力。

炮兵速成训练

参加抗日武汉外围战

38年8月日军向武汉节节进逼，我军以武汉为中心展开武汉外围战。北方战场我军投入的兵力约十余万人，两个骡子驮炮兵团、一个机械化炮兵团，其他部队不详。我团从洛阳乘火车到达信阳站以北明港下车，下车刚毕，日军就来轰炸机九架对我炮兵团轰炸，好在我团已进入大村庄，和小片森林，加强伪装，并命令士兵卧倒，把射击手和炮手紧紧卧在我身边共存亡，因为害怕他们我的炮就打不响了（已如前述）同时命令机枪手对空射击，尽管效果不大，

亲率炮参战

但能使敌机不敢低飞，减轻威胁，敌机一阵狂炸以后，我排停止在检查，幸无一人伤亡。下午暴风雨袭来，对我这无制空机的军队来说，是进军的大好时机，我们冒风雨向息县方向前进，由于是乡村大道，土路石板桥，六匹大骡马，拉不动两吨多重的火炮，经常陷入泥中，增加十几人帮忙推拉，仍无济于事，又向农民借来黄牛帮拉，才能蜗牛样爬行，一小时走不了一公里，特别遇到石桥，稍不小心，一丈多长石板被压断，车即翻入大水沟，只好用黄牛和人力把炮拉上来（骡马不能用死劲，用鞭打它就乱跳）我是第二营第四连一排排长，经常是走在前面开路，我排前进不了，全营都得停下来，这样我任务更重，每遇此事想要忘什么是危险与艰难，一个信念就是勇往直前。再遇到石板桥，我就换上士兵，骑上前马，加鞭快速冲过，这样就减轻了振动力安全通过了，但这要技术过硬才行，方向稍有偏差，就人倒车翻，人被压在车轮下，不伤即死。可一个营是十二门炮，我排两门炮过去不久，得其他十门都顺利通过每座石板桥，一门翻车，全营皆停，这是很必然的，雨那么大，泥又深，停下来的后续部队，名义上可以看着休息，实际无地可息，只好坐在沟边，两腿伸到沟里，沟水冲着两腿摆动，上面淋着大雨，就那睡着了，这时困乏到什么程度？时间是越过了，终于到达县县附近，当听到前线战斗的枪、炮声，大家都振奋了，马上选择了观测所和作战前方炮位阵地，不到廿分钟，我的炮打响了，当在观测所用炮队镜（一种带有测量效果的望远镜）观测到我炮火的威力，同时看到日军的减弱了攻势，心情更振奋，这是第一次参加实战，也感到以前学习试验以来射校日的价值，可是实并不那么简单，十几分钟后敌人炮火，在离我阵地五六公里外扑天盖地向我阵地飞啸而来，一片火海、尘土飞扬，比我打出的炮火要强烈好几倍，这时日军的火炮在数量上比我军多几倍，我的阵地暴露出来了，我们如何以劣势炮兵战胜优势炮兵呢？想到了八路军的游击战术，可大炮那么重，怎能灵活变动呢？但又不能坐以待毙，可以小范围变化阵地位置，多修几个炮兵阵地，搞了白天，又1等

炮兵也能打"游击"。

阵地狠狠把敌人揍一顿，用人力把大炮拉入第二号阵地，这时敌人炮火搜索我第一号阵地，可他扑空了，我在第二号阵地修正了射诸元，又把敌猛揍一顿，就这样回变换阵地射击，虽然体力消耗很大，但我们达到保全了自己，消耗了敌人目的，同时有效地支援了友军。但总的形势是敌强我弱，我军处处处于劣势，兵员伤亡过重，根据我国持久战的方针，打了两天我炮兵奉命撤，后撤路上遇着川军某师仍继续向前线增援，看着我炮兵后撤，知道前方战局不妙，破口骂我炮兵见死不救，我们也骂他们说："我们也不愿后撤，命令难违，谁怕死是龟儿子，上去拼命吧！"我炮兵撤出战场上了火车，一直拉到西安才下来到西安整训。当时我们青年军官很不理解，一撤千余里，这样抗日行吗？我们几个同学往市里走了走，看着后方仍然是花红酒绿纸醉金迷，那有一点抗日的气氛，感到十分苦闷。决心到前线抢救国家于危亡。适逢二战区副长官部参谋长兼第九军军长郭寄峤先生来西安开军事会议，经同学杨专圃介绍，晋见了郭先生，向他表示愿意去抗日第一线（在中条山里）为抗日救国效命疆场，

只身去上前线

郭先生对我十分夸奖并表示热烈欢迎，并云前方非常需要你们黄埔同学，能再邀几位同去好？我表示尽力而为，随即写了便条，交代战区办事处为他去安排一切手续。我回砲营后向营长请缨要到中条山前线抗日，营长一再强调，炮团十分需要人，终不肯放我。我不管那些，邀着三连的陈敦国同学，连乘火车到华阴下车，步行越过潼关日军炮火封锁区，到达灵宝，再乘火车到渑池，渡过黄河进入中条山战区司令部所在地太寨村，见到了郭先生，他非常赞许，并说你与陈敦国是好朋友，前线太需要你黄埔生了，只能把你分到第九军司令部，陈敦国分到战区司令部，相互都住太寨村，朝夕还能见面，行吗？我们表示服从分配。我俩各升一级成为上尉参谋，分处办公。这时的第九军司令部，是新成立的，参谋长、参谋处长都缺员，由苗专圃、王绳武和我三个人掌管全处作战、情报、后勤、和人事全部业务，直接在郭先生指挥安排下工作，郭先生对我们同学亲自培养教育，身教言教细致入微，从中获得许多做人做事的道理，受益终身。前线的工作是很紧张的，不分昼夜的工作，生活条件比较

在前线忘我工作

差，有时还要随郭先生到第一线视察，或到晋东太行山八路军处开会。抗日初期国、共两军合作抗日情感较浓，防地交叉相处很好，毛主席、朱总司令都来过太寨村，我们与八路军人员经常交往，全无隔阂。因为卫立煌长官、郭寄峤先生都是这样做的。实际当年黄埔军官都知道保国卫民是军人的天职，很少参与党派政治斗争。

随卫立煌移驻洛阳

1939年初，卫立煌升迁为第一战区司令长官，郭先生亦调任一战区参谋长仍兼第九军军长，军属四十七师、五十四师仍留中条山防地，独立旅、军司令部及直属部队调洛阳，中条山设第九军前敌指挥部由副军长兼四十七师长裴昌会指挥。

第九军司令部移驻洛阳后，开始扩军工作，我们几个同学均晋升少校参谋，分任参谋处作战、情报、后勤、人事等各课，我任人事科代理课长，由于当时扩大编制，人事调动频繁，工作显然忙碌，给我权力并不小，但我从不参加吃请，更不接受礼物，根据法令和需要办事，所以我拟的人事建议，郭先生总是欣然地"同意"或"照办"。在不长的时间内军参谋长、参谋处处长、

升任少校代科长

总参处长、军需处长、补充团长、特务营长、工兵、通信辎重各营均先后成立，参谋处又来黄埔六期、七期、八期同学任中校参谋，十六期同学四人任见习参谋，人才济济，兴旺发展起，这都是9军在中条山时代[illegible]和繁忙景象。我的人事建议有时也延伸到长官部的范围，例如我期同学有郭某来洛工作者，我军部编制已满，就写一签呈推荐到长官部或战干团工作，郭先生仍予批准。斯时我十二期同学至洛阳工作的达卅余人，算得个"庞大的派系"，不过都是营级干部，权力小，做不了坏事，也不会做坏事。1940年春，人事工作已正常，郭先生派我到陆军大学西安参谋班学习，时间共计六个月，学习内容主要是讲战史（世界战例）和大兵团作战指挥和参谋业务，扩大了眼界，收获不小。回洛阳后，郭先生将军长职务让给了裴昌会，遂将常随郭先生左右的几个同学六七人调到了长官部参谋长办公室工作。我的任务是将侦获情况和文件整理汇报，每天上午我到郭先生办公桌侧，他照常批文件、打电话，同时又听我的汇报，每谈到他感兴趣问题，即行笔记，叫我复述一遍，或叫我把原稿拾给他看，其一心能多用

奉派到陆军大学西安参谋班学习

的特异功能，和工作效率之高令人敬服（他批过的文件随手往地面一抛，让我们去整理分发，以节省办公时间）。卫立煌爱看晚会演出，郭先生陪着看，总是带着文件夹，边看戏边批文件，当时高级将领通称郭先生是"标准参谋长"，是属美誉，可见一斑。

郭先生的心多用

这时参谋长办公室人多事少，实际是个"储备人才库"，郭先生对我几个左右同学说过："培养你们的方式是：参谋—带兵—参谋—带兵几个反复，才能成才"。这时我知道长官司令部特务团缺一个副团长，我斗胆写了个签呈，请求下特务团代理中校副团长（表示不求升官，但求多做事以获得锻练），郭先生当即批准，特务团的任务是警卫司令部各单位，战干团，兵器储备库，防空等保卫工作，少将团长王和卿是衛立煌当兵时的班长，五十多岁，资格够老的，为人也特别忠厚，我的来到，他特别表示欢迎，团里的主要工作都交给我了，我当然竭尽全力把工作搞好，他很是满意，对我的生活照顾细微，每月除工资外，加发四十元津贴，还经常带我到俱乐部餐厅吃饭，他家乡送来的"六安瓜片"、"干鸭"、"土产

申请调特务团工作

照例有我一份，這种待部下如兄弟的方式使我感染很深，我以後工作中也是如此去理，效果很好。

洛阳是中条山的大后方，日寇經常十架八架的轟炸机來轟炸，每逢日机來炸，我仍照行事後防地檢查防空情況，未敢躲避，从未进过防空洞。一次十二架日机來炸司令部所在地，当巡行到首长們的防空洞口，看到師長官步話在洞口仰視日机投彈情況，但口中不斷罵着"混蛋、混蛋"，眼看有兩枚炸彈在洞口降落，我高声呼喚"报告長官，快下防空洞"，他的卫士即刻把他拉下去了，炸彈在離我十米处开了花，我恰巧在炸彈爆炸的死角內，安全无恙，落了一身土。在年這樣的不斷碰到，衹要沉着卧倒伏地，經常安全无事。

1941年奉王团長手命帶着挑選了部份安徽合肥、蒙城一帶接兵員，全团的管理任务落到我一人之身，当年我才廿五岁，四个營長都比我大，有的还是中校軍銜，為了搞好训練等工作，必須把他們团結在我周围，我的办法是謙虛謹慎向他們学習，尽量尊重他們的意见，決不自以為是強加于人，几个月的代理团長職务順利完成。

担任長官部防空任务

代理团長处理团务

第 18 頁

第一批新兵到团以前，长官部军务处长来电话说：“从速把团属迫击炮连的干部组织起来，新兵一到即成立迫击炮连”我说：“叫谁当这个连长？”处长说：“这个连长你兼了吧！”就这样我兼了迫炮连长，挑一位本校毕业的十六期黄埔生当中尉副连长，由各营选送一批班、排长，新兵一到迫炮连正式成立了。由于团部我还有许多工作，不可能全力以赴。我的办法是：以張铭副连长为主要连长代理人，把几位排长紧紧团结在一起，日常训练管理由他负责，有难处我来处理，我交付工作干部伙食费，但很少去吃饭，每逢星期天从俱乐部叫几样好菜与他们一起会餐，但不饮酒，多询谈思想、谈工作、谈训练，遇有难题当场解决。我经常要到各营查操、查课、查卫生，顺便也到迫炮连看看，肯定优点，指出缺点。要求把士兵伙食办好，由士兵组织伙委会，司务长指导共同办好。不准对士兵体罚，操余课后，要求士兵在沙盘上认字、写字。晚饭后集体搞文体活动，调节生活节奏。張副连长文化基础不错，能干、肯干，把这个新兵连搞得很好，有时也会出现急躁情

兼任团属迫炮连长

備。一次我到營房察視，發現某排長把士兵吊起鞭打，當時我就進行了制止；然後把排長叫到連部，對他說"已說過不准對士兵体罰嗎？他說："是抓回的逃兵，可惡之極，大大損壞了連的名譽，不严懲不足以儆百。"我說："要愛兵如子，才能得兵心。對敵人有恨，對兵要善，逃跑必然有原因，把逃因查清，對症下葯，才是治病救人之方。"又說："這是張副連長知道嗎？"他說："知道的"我說："以后不要体罰士兵了，要耐心做思想工作，回頭把逃兵交給張副連長处理吧！"我張銘問了問情況，交換了意見，而后我說："我這个逃兵說了，如果他家有特殊情況，干脆給点路費，开个路条，讓他回家。其他士兵看到我們，十分愛護他們，就加強了凝聚力，才能把兵練好，用好。"張副連長照办了。逃兵感恩戴德，心安下來而且干得很好，使其他士兵受到一次生動的教育。這种"愛兵如子"帶兵帶官的方式，一直沿用到我當營長、團長（一直沿用）到晚年在帶小孫孫，始終献出一顆愛心。

報月后我對王團長說："我代理了一段中校副團長，生涯

嚴禁對士兵体罰

虽是没有出过漏子，总觉自己缺乏带兵经验，我想设法下去带带兵。我团第三营少校营长×××行伍出身，干得很不错，不如把他调升为中校副团长，我下去当少校营长，两得其所。"王团长沉思了一下说："你辅我工作得很好，将来晋升为实职不是很好吗？"我说："越级升职别人不服，我还年轻（时年廿五岁）当几年营长好好锻炼一下，团长不必说。带兵也是一门学问，需要好好学习一番。"王团长说："你会说话呀！别人希望升官，你要求降职，你们黄埔出身的军官，真有远见卓识，我照你的意见，写份报告送呈长官部批示吧！"

申请降职当营长

王右瑜团长原本是少将军衔，五十多岁，行伍出身，当年曾是卫立煌的班长，他们同乡同当兵，关系很好。就是王团长没文化，升官就难点。未久王团长接升为独五旅少将旅长，仍驻西工。接替王团长的卫长官的侄儿卫旭东，同时我调第三营少校营长，原营长晋升为中校副团长。我原兼的团属迫炮连长推荐副连长张铭担任。我与连里官兵关系很好，我离职时除欢送会与外并送我刻有二百多字银盾一座，无非是为我歌功颂德，写得很真实，给倖时我甚为鼓舞。

1941年春夏之交，日军从平汉路西侧向我一、五战区接合部进军，企图进击洛阳，动摇我军华北指挥中心一战区长官部。五战区汤恩伯部要力阻日军深入，效果不大，致使日军逼近临汝（今河南汝州）直接威胁洛阳后背。卫长官除调动中条山后备部队抗击日军进犯外，急电蒋介石速派队增援，责令胡宗南第一军出潼关增援。洛阳急如星火，胡宗南的第一军则缓缓而来，胡的第一师在潼关按兵不动，七十八师进驻灵宝，一六七师缓缓到洛，胡宗南虽也到洛开会部署，实则左顾右盼（防八路军一箭）。卫只得调集中条山总予备队全力反击，阻止日军于临汝之南，日军见势不可挡而后撤。从这一事实说明，蒋介石的抗日是被迫而反共是真。

日军逼近洛阳

1942年春，卫立煌调西安军委会办公厅主任，我携参同军随调西安，驻学院门，家眷也随后，学院门是个繁华地区，移防辅空，安排不甚就绪，某晚间有士兵溜出营房到附近戏院看戏，我恰外出回营，进街门时，发现八个士兵悄悄跑回营房，经查有几名士兵在戏院闹事，被当地宪兵扣留，经我亲身与宪兵交涉，始让我将士兵带回。初往闹市，未事先订法约束，兼之行军数日初到西安，有的干部包括我也上街走走，管理一松，就出现前述一幕。经过考虑，必须利用这一势态，严肃处理，以儆效尤。次日晨召集全营干部开会，指出西安是花红酒绿之地，军纪稍有松弛，必出大乱子，从速查出为首的溜出分子，予以严惩。某连长随即汇报了查实情况，当即决定全营集合于大操场，宣布违纪的严重性，宣布将士兵×××责四十军棍，当场执行。并宣布了官兵外出请假规定和批准权限及外出行为规范，从严执行。在城内驻了数月，再未出事。不久我营移驻西安南郊约廿里居安房村，担任卫立煌"别墅"警卫和训练。

严惩士兵违纪

1942年秋冬之间，卫立煌调重庆军委会委员（郭参谋长随调）遗缺交给了胡宗南。这一决定实际是对卫部在一战区任内未受中条山的惩罚。军委会委员康泽无权空头职务，原机关人员包括特务团无法随调，交给了胡宗南。可团内有廿响白壳枪二千四〇〇只，衛当然捨不得交给胡宗南，乃将其存于宝鸡原仓库，派我营第九连看守。时过月余，胡派一个团兵力包围了仓库将白壳枪强行拾走。事后我祇得将实情电报部参谋长。衛得知后十分生气，当向蒋介石汇报了。蒋介石饬令胡宗南原物送还。这说明胡宗南仗着蒋的信任，已十分狂妄与骄傲！那有国家与民族思想。

我特务团划归胡宗南后，名义上是他的特务第二团，实际并不重用我们，调新丰镇整训，派胡的少将参谋处长侯声（黄埔系）接任团长，相继团内中校团附、一、二、四营长先后调走，派来胡系人物接替。各营士兵纷纷逃走，各连长排长均存五日京兆之心，将缔造的几个战斗集体从此瓦解。我第三营绝属安徽合肥、蒙城、六安一带的子弟兵，在我几年的培训下已成为一个坚强的战斗集体，唯我马首是瞻。我与衛、胡无任何亲缘和同乡关系，向来是大公无私以国家民族为重，任人唯贤。祇要是国家的抗日部队，我就得将兵带好与练好。

了主煌库存手枪！

胡宗南强行提走

任人唯派的胡部

侯团长来营视察几次，觉得我营训练事務井然有序，前二个营已经垮了，唯独我第三营不为风吹草动。决心要保住这个完整力量，遂派胡部特务一团少校营长李越众（我黄埔十二期同学）来为我做工作说："胡先生是我黄埔一期老大哥，很受蒋先生重用，这里很有发展前途，我跟胡先生干吧！"我说："我与衛先生没有任何亲缘关系，凭着我的能力与才干，才当上这个近衛营长，祇要是国家军队，跟谁干都一样。"他说："是侯团长叫我来做你的工作的，他觉你是个人才，一定想法留住你，共同把这个团搞好。"我说："我并未表示辞职嘛！祇要信任我，一定好好干。"未过几日，下来一道命令："军委会西安办厅特务团第三营少校营长沈继国，带兵有方，对部训练有素，纪律严明，堪称楷模，特予晋升为中校，以资鼓励，此令。"这样我在胡部黄埔第十二期同学中第一个晋升中校军衔的人，当然也被认为是胡的人了。不久又派我到胡部的"将校班"学习，时间仅一个月，每晨升旗后胡来训话，其次主要课题就是胡亲自轮流与学员个别谈话，其目的不言而喻，拉拢胡部

胡部为留住我，晋升我为中校营长

是通过这个形式，选送团长以上干部的人才，无一例外。

1947年初春，少将团长侯声调长官部，派来李刚尧（黄埔六期毕业）任上校团长。李上任不久找我商量，要我调团部任军官大队长，把全团军官分批调来集训，从表面看来要我施展才能，提高军官素质，以训练新兵，使这个团将来成为强有力的部队。我另有看法：认为如此一调，相机卸掉我的兵权，他们就成为清一色。我表示这样一来，我这唯一完整营，将会失去领导核心，人心分散，这批安徽老兵逃跑起来决不是少数，营不成营，将如之何？不如让我带下去，作个典型，带动全体岂不更好！李团长拗不过我的衷心直言，只好作罢。

任人唯亲对部队来说是十分危险的。一次全团集合，看自编自演的话剧，正演“[illegible]”这幕剧时，突然后台出现枪声，恰巧我是团值星官，全团归我指挥，当即下令：全团官兵不准起立行动，枪靠左肩，眼向前看，由各连长监视执行。我转身奔向枪声响处，适有四营某排长持枪向我走来，没有向我开枪，我一箭步向前，左手将其枪拨开，双手从其背后紧紧将其抱住，

仇恨的枪声

附近的人抢步上来，将其捆绑。事态已毕，宣布继续出击。这时李团长赶来说："将他押回团部，听候处理。"我把值星带交给了团附，带着这排长边走边谈地向团部走去。我问："你瞄枪向我为何不开枪？"他说："枉有头，债有主，我打死某连长后，还准备找到×连长并将其打死，以解心头之恨。"我问："为何杀死他们？"他说："老连长是我们患难兄弟，硬是被他们挤走了，新连长一来，横挑鼻子竖挑眼，无一是处，这不是排挤我们吗？他叫我们活不下去，我也叫他活不成。"我说："就无其他办法抵制吗？何必要杀人？"他说："当兵何畏死！义重于山，为兄弟雪恨报仇死而无怨。"从这一段谈话悟出一个真理——人间交往应出于爱心，以诚相待，以心换心，带兵的人更应如此。这样才能团结制敌，同生死共命运。否则势遭杀身之祸，这样的事例在战场还有。

任人唯亲的后果

在新年整训时间不长，全团奉调武功河心滩实行军垦，由胡宗南副长官领导作屯垦试验，这片河滩地约万余亩，是由渭水南北改道冲积而成。李团长认为我营训练有素指挥自若，把滩地东西两头交给我营开垦，其他各营夹在中间，我把第七连安置在东滩，主要试种水稻，其余滩地均种大豆。东滩有一渡口，是周至到武功的要道，常有土匪出没，也曾发生过战斗，幸我哨兵英勇，杜绝了大事故发生。垦区离武功农学院不远，试验田也与我垦地毗连，又有渭惠渠横贯东西，对学农业技术较为方便，我经常找农学院教授求教，关系很好。因而垦区庄稼长势很好，很得上级表扬。

参加军垦

1943年冬，我团更名为"秦岭中部守备团"，李刘虎任少将守备司令兼团长。秦岭中部辖柞水、镇安、东江口、佛坪四个县，都在森林高山之中，人口稀少，交通不便，生产落后，但属于关中地区南部的重要军事屏障，如为日军侵占，关中难保。此时日军已侵占豫西，稍事扩张即可进入秦岭，威胁西安后背。我营担任最接近敌人的镇安、柞水两个县的防务，并担任该区的守备指挥官，两县的民团归我指挥，以便加强战备以应急变。经侦察两县找到最要隘的地形后，用了两个半连的兵力分置各要隘守备，营部带一个半连

调任秦岭守备工作

九条桥水库坝子。这时我的任务十分繁重：修筑各要隘的碉堡（民工和材料由各县自筹），谍情、守备兵力的安排，来往情口行人的盘查与情报收集，地方民情、民事的查访与协调，治安的维持，民兵的训练与使用，与地方党、政、军、团的联系与协调，自己部队军风纪的督察……千头万绪，只有动员、调解调动的力量来完成。争取做到如日军来犯，叫他有来无回。更重要的争取时间调来关中援军，堵敌后路，彻底消灭之。

独当一面，已不是作战指挥问题，必须照顾全局，军政、军民关系一定要搞好，促进安定团结，才能共同禦敌，一切要从我开始。考虑到部队分散，军民杂处，严格规定了九条纪律：1. 非因公不准单人外出，外出公自带钱粮不准去群众家派饭，2. 官兵一律不准赌博，或与妇女私通，一经查出严惩不贷。3. 借物要还，损坏赔偿。我经常带一名传令兵暗藏手枪，自己也穿着士兵服去各地私访，暗查我官兵有无违纪情况，有时也带一个加强排的兵力，徒步翻山越岭，视察各要隘工事也

约法三章

哨所設置、民兵組織與訓練、和地方民情和抗日宣傳等，做到心中有數，并及時解決矛盾。

除值勤外部隊訓練亦不得放松，兵舍外設沙盤，供沙盤演習和士兵練字用，要求文盲每天認字五個，做到能寫會用提高文化素質。要求連排在駐地附近开荒种菜養豬，改善生活，我也住家后院种菜、養羊、雞、鴨，副食品基本自給。

軍隊是一个高度集中的整体，如处于松弛狀态，官兵都會出亂。訓練、學習、上山打柴、文娛活动……安排得滿滿的，每星期天还要搞集体和个人衛生，自己也經常參與其事，或與士兵会餐，做到官兵一樣，手足不分，這樣打起仗來才能指揮自如。

排、連以上軍官，星期天得放松些。但山區人少，交通閉塞，几乎是无处可走，无聊起来很容易打麻將，賭風不可开，当予禁止之列。我提倡星期天輪流到營部或連部会餐，自做自食，飯后清唱京劇，或交換意見，藉以增進感情，加強了部隊團結，花費不多（由主管承擔）效果很好。

一次聽說營部待令兵吳付文與營部對門某女青年关係不正常，決定親自捉奸，某晚我至該某女青年处，敲其房門，將吳

養豬种菜改善士兵生活

严肃军纪惩治邪恶

付文堵住，当在田禁闭，次日集合营部全体人员，首先对副官和伙夫，传令班长王少清要加训斥管教不严，并宣布将吴付文治理以做效尤。（实际我是灵是一样，我无权亦不愿治理我的士兵）群众获悉，一下来了二、三十位老太婆跪在我面前求情，一再申言，他们地方风俗不好，女孩子偷情是常有之事，你的士兵并无强奸行为，处以死刑有些过重，我们装势不应允，并声言，此乃违纪事件，不加严惩，部队战斗力将丧失殆尽，那有力量保卫地方维护治安，军民关系变坏，老百姓还支援我们吗？老婆们无言以对，长跪不起，啼啼地一味求情从宽发落，看来教育目的已达，做了个顺风人情，改为打军棍四十。请这老婆起来送走。处罚完毕交由王军医敷伤包紮。事后我又找吴付文谈话，晓以利害，安抚其心。这件事地方震动很大，部队也受到军纪不可违的教育。我另后在山区做了些调查，确实地方风俗不好，这些山区人烟稀，居住分散，生活单调，人民没有文化，生产力低，贫穷落后与之有关。

我营部驻镇、桥西县之黑水"石咀子"，设有哨所盘查行人，此处要隘，又是三、六、九日逢集，定有百十户人家，设有碉、堡，是我守备区指挥中心，是通西安必由之路。1944年某日查获卖药小老头，连续数日在我营地设摊摆卖，引起我机枪连张排长注意，并向我汇报了这一情况。这时豫西西峡口、陕东芦田已被日军侵领，距我守区约200里左右，深入秦岭搜集军事情报我设防情况完全可能。当即打电话询问各要隘哨所有无类似情况，据各哨所均说无类似情况，但行踪时间较短，遂决定叫张排长进行盘问审查，初审老头卖药不懂药，药物等也起不到治病作用，携物中有一小卷白粗布，展开发现，其中缝隙，断续缝进几条红线，并常难解，他本人亦难圆其说，并显得紧张。当饬张排长将其大扣押，待次日任信人员审讯。讵料当夜张排长私行审讯，要得出合乎实况的口供，证明其确为日军派遣侦伺的汉奸，张排长出于义愤，用扁担施行，打到要害致死。此案报司令部后，李司令饬令将张排长送司令部法办。我认为非法审讯致死，当事人会受到重处。一个军校十七期毕业生包集当排长，误伤了一个日本特务汉奸，被判以徒刑，未免有亏。要设法为其解脱，要请统一过去说："张排长在连内表现很好，带兵深

在防区各隘口巡哨
收碉堡、暗设哨卡，防患于万一

把错排长
打死汉奸放走

兵均得其法，如这司令部，大难不死。"最后我决定："送他路费，让他回新乡老家，暂时不要找工作，隐个再说。"事后我打电话报告李司令说："张排长在押送途中逃跑，由于我安排不周，请处分我吧！"李司令对我很信用，他是聪明人，也就不了了之。我的部下对这事的反映："我们营长平时对我们要求很严，出了错他一人承担，让他当部下，大胆心细的干，放心。"

涞水县地瘠民贫，偶在山坡上种点玉米、土豆、包心白之类农产品，还经常受到野猪、狗熊之类的践踏，土地收获无几，赤贫农民苦不堪言，衣不蔽体，食不果腹，我深表同情，多次向县长建议：山坡野生栎树多可烧木炭（质量好）养柞蚕，种核桃（仁榨油，壳烧活性炭）种柿子酿酒，这些山坡上野生有的就有，说明山坡种能成活。沟地筑坝、蓄水浇稻、麦地，修设木质水磨、水碾，建立小纸厂，（这些该地就有生产者，不过数量很少）不用多少资金和外来技术就能搞成，修路当时还难办到，但骡马、人力运到西安不过百余里，能够办到。而且已有这种运输方式，稍加组织就能较好发展。县办职业学校，我担任代课。这些建议，除职业学校我亲自办成外，其余均置之高阁，我也无权干预。我

设校培养技术人才并筹自报教

为县长建议改进生产方式

时部队以抗日为首，无足力承担，只好听之任之。

1945年冬，抗战胜利，我营奉调出山，我将精简了剩下的木材、钢筋、木结构的营部小楼一座送给了联中学校。部队出山时，沿途乡镇村庄群众自动设案备酒送别，直至出栎水县境。

1943年某日，一老妪到我家找我告状，要告她乡乡长×××，我说：“部队不接受民事案件。”她说：“我的冤枉县、乡都不管，听说营长是个清官，跑了百十里来找到你家。”出于同情心我说：“你把情况摆一摆，看我能否帮上忙。”她说：“乡长×××看上我儿媳妇，意欲长期霸占侨居，把我独生儿抓了壮丁送走当兵，我这孤老婆没法活下去了。”我深知地方乡、保长象土皇帝一样，县里也让他三分，当然官司没处打。我说：“既然这样，试试吧！你有状纸吗？”她说：“谁敢代我写状子？自找麻烦！”我说：“叫我妻子代你写。”问清情节，写好状子，我附了一份公函，说明原由，申明要秉公审判，并函复结果，直送县承审亲收。这样承审不敢怠慢，依法将乡长×××撤职查办，并作了复。

为民伸冤

1944年某日，秦岭营盘哨计苗排长来电话："从山外进入要经过营盘、桥头、石咀子、镇安要到安康接新兵某团官兵约200人，已进入营盘驻地宿营，此部纪律很差，乱住民房、乱抢民物，经劝阻不听，态度横蛮，与我部几乎发生冲突，据群众报告，沿途还抓了几名壮丁，估计今下午可达到石咀子宿，请营长注意防范，并交涉要回已抓走的壮丁，以安民心"得此情况，估计到达石咀子仍会继续，当令集安、李两连长商量，令机枪连一部分进入要隘阵地，余部留街道驻地准备维持治安，并于阵地保持好联络，没有我的命令不准开枪，但可暴露出目标示警。李连长率一个排掩蔽在石咀子东头职业学校内待命，听候命令行动。下午四时左右，该部到达石咀子，不出所料，行为乖戾，经渠指导员率兵劝阻，不听，态度恶劣。看来要示以威始能见效，遂令李连长率该排以战斗队形进入街道，武装干涉，但不许开枪。该部团长看势不对，才制止了他部下的行动，并要求与我见面。我和颜悦色地接待了他，稍稍彼此解释一番，发现这位团长是黄埔八期毕业生，我也是了在这

有民追回抓走的壮丁

黄埔十二期毕业，仅此一招就成了"自家人"。首先我解释了守备工作中的许多困难，请多指导，另强调"军民关系的搞好"在我处特别重要。提出两部士兵既发生了冲突，不宜同住一地，以免再生枝节，建议他部移住离我镇五里处"沈家大院"，并派副官石信久协助我搬，一切放心。另提出：请支持我的守备工作，把没逮捕的几个壮丁释放了吧！这位团长老大哥慨然应允，并付之行动。

镇安、柞水两县，是秦岭从山到丘陵南北相接的两个邻县，由于历史的原因，两县接界犬牙相错，甚至还有飞地，为争地盘，两县人民在士绅们的支持下经常发生械斗，这两县均属我守备区范围，治安搞不好，严重违害我战备任务的执行。省里曾派人来判界未获成功，县长各有立场，不可能公平出面。1944年春镇安一方又发动攻势，定界处聚集数万人摇旗呐喊，意欲滋事。我分区指挥部恰在边界柞水县一方，我首先劝阻柞水士绅，不得应战，由我出面解决。当命令各连进入作战状态，各守原地听候命令，我亲自带几个传令兵和副官、书记官过铁索桥（步上）进入沈家大院（过桥时柞水群众劝我不要过河免遭危险）

制止两县械斗

并命令机枪连李排长武装劝阻群众不要深入，镇安方面的义乡长看我来人不多，又不开枪，冲上几人把我李排长的手枪下了，并抓走，我得报后即亲写佈告一篇，劝群众不要械斗，春耕生产即届，各回乡生产，事了由我协调解决。令书记官抄写多份各处张贴。又令已在场的士兵注意观察谁是群众的指挥者，抓来一名送我部在地查询。经约一小时押送来一名"指挥者"，看来他十分惊恐，我当即为他松绑，并叫他坐好饮茶，来人看我态度和谒，心情平静下来。我对他说："械斗与你没啥责任，你不过是个受命现场指挥者，械斗是解不了地界问题的，你们只有种好庄稼，多收成才能过好日子，政府抗战打日本要紧，乱也不得，日本来了大家要当亡国奴，这是生死存亡的大事啊！我来亲写封信，说明利害，你回去普遍宣传，地界问题我向省里反映，定能公平解决。并转告你们乡长，速将我营李排长人、枪送回，否则要受严惩的！"将此人送走后约一个小时，群众散去，人、枪亦送回。问题暂时解决，当即电告李司令备案。

两县械斗制止了，可我成了镇安县参议会士绅们的"罪人"向宁甸司令部、陕西省政府、中央军委会状告我"镇压群众共匪"不实之词。经省派人查访，结果，守备司令部来电："治安有功，应予表扬，并令将镇安县参议长胡协扬逮捕送司令法办"。陕西省政府给电守备司令部："贵部第三守备区指挥官沈继周在制止镇柞两县群众械斗，方法稳妥，维护了地方治安，深得群众好评，应予表彰。关于勘界问题，即组织人员前往实地勘察审定。"中央军委会给电守备司令部："你部第三守备区指挥官、中校营长沈继周，带兵有方，纪律严明，地群关系很好，堪称楷模，特予表扬"。从此我的"罪人"名义解脱。紧接柞水县士绅们抬来"三牲"红大银盾一座，上刻"细柳风高"四字，赞我文武全才，秀才风范。原下我李排长枪的某乡长也抬来"三牲"当面来表示谢罪，我均应付一番，士兵们也打了一次"牙祭"，受到了一次爱民教育。

镇安士绅状告诬赖
误民群众

月余后李司令来电话："胡某已审讯完毕，准备定案判刑，征求我的意见。"我说："最好不要判刑，为地方的长治久安，请将胡协扬送回柞水，我将邀请镇、柞两县士绅代表来营，促进他们团结起来，共御外侮，共维地方治安。"李司令同意我的意见，明日将胡协扬送柞水。

保释镇安县议长，促成两县团结

当即通知了两县士绅并说明了用意。次日下午首先由外胡抉阳五花大绑地送来营部，我亲自为他松了绑，并请他喝茶吃点心，他千谢万谢地谢我求情不予判刑之恩。我说："只要地安宁，这不算什么！"并告知即将邀请两县士绅代表，共商两县团结大计。下午四时许，两县士绅代表先后来到，他们稍寒喧，我即请各位就坐，我谈了中国抗日形势和安宁团结问题，希望他们以大局为重，团结起来共御强敌，土地问题可由省政府来人协商公平解决，不要为此大伤和气。双方连连称是，并表示"只要营长在此一天，我们决不再械斗"和和气气吃完这顿饭，我分别将他们送走。"两县纷问题就这样初步解决了。过了几天镇安绅士代表送来锦旗一面和三牲等以示为我谢罪，并准备滑杆邀请我去镇安县城与群众会见，盛情难却，次日我即带几名传令兵穿着士兵服装起程，从柞水石嘴子我营部到镇安县城约九十华里，每逢乡、镇都设宴请，九十里路走了三天，才到达县城。进入县城诚如"万人空巷"的形容，争看我这小小营长的风采，指手划脚，很难猜准谁是营长？由于我不能不拱手致谢，从而暴露了身份，群众又是一番议论起来。一连几天轮番宴请，大有应付不暇之势，连县中学也邀请我去演讲，并声称

镇安人民向我谢罪

我能为柞水县县立中学校任理化课，并请为他们讲化学课。我只好解释住地太远，没法上课以谢之。

1945年秋后，日本已经投降，我们得悉部队即将调出秦岭。某日和小组子街北头突然起火，因草房较多，火势甚猛，我即派了两连兵力去携桶、盆之类借运河水灭火，约经一时奋战，将烧到我营部隔墙时，火被扑灭，群众传云："营长福大，待人好，火神也让三分"虽属迷信，也说明群众对我的看法。

为民灭火

1945年初冬，我部奉调出山，部队也开始缩编，我奉调为整编卅一旅六四三团中校副团长，挑入内战行列，八年抗战，急待休养生息，重建破碎的山河，然蒋介石灭共之心不死，挑起内战，且逐步升级，蒋军上、中级干部均极反感，然军人以服从为天职，敢怒而不敢言，部队在甘、陕、晋沿碉堡作"武装游行"了近一年时间，没有沾着一点便宜。1946年3月胡宗南奉命调集二三十万大军进攻延安，而八路军采取运动战，避实击虚，所谓"收复延安"实是一座空城，连一个人也见不着。家俱亦无一件，粮草需由西安经八百里运输送去延安，且补给线时被切断，蒋空运空投，杯水车薪无济于事，我团是首进延

被迫参加内战

第 39 頁

安的，我被派到宝塔山窑洞师部，旅长李纪云带九一团及直

属部队向东北方向专化石之撤退。我乘胡宗南大吹收复延

安之功绩时，去找整编师长王晋请假，要去西安看病，师长不

准，我认为这不是临阵脱逃，扣不上帽子，遂飞西安脱离

了内战行列。在西安稍住回了开封与家人团聚，拟改行业，

但改行并不容易，且师长多次来电催归，只好再回西安。适军校七

分校革命行动，另组属于本校的第二军官训练班，便由军训监选分

发到“二训班”当了中校队长。由于我的训练方式切合时除，该

训班主任刘劲铭的赏识，未久提升为中校代理大队长。同时战

局变化很快，正如“保卫延安”一书所述，首先我卅一旅（缺在延

安的九一团）被全歼，相继在宜川、米脂、榆林各地大军被歼，

西安几将难保，我二训班亦逐步南撤，由汗中、沔县、而新都。

时我班主任刘劲铭奉命兼任×军副军长兼215师长，命令我

担任215师645团上校团长，我再三推辞，最后碍于情面承

担了。直至1949年12月，蒋家王朝在大陆行将消失时，我随装

备军团司令李文、副军兼师长刘劲铭起义参军了。在解放军西南军

政大学学习了半年，提前毕业分配到川北军区司令部担任团级参

毅然脱离内战行列

任军区参议

起义参军

议，在胡超明推荐下，担任西康部队营、团级以上干部"炮兵知识"课达三年，直到1952年，原四川东、西、南、北四个军区合併为"成都军区"而又转业，我被分配转业到河南开封从事教育事业，历任高中物理课、理化教研组长、校办工厂厂长、顾问、开封市中山业余学校校长直至1993年78岁时始退休养老，执教又历四十二年。

转业执教

我从十九岁为抗日救国而投笔从戎，八年抗战未离前线，内战期间，当了"逃兵"坚决反内战，建国以后从事教育事业四十余年，虽未做出伟大贡献，但自认是一个忠诚的爱国者、兢兢业业无私为人民奉献者，问心无愧。

（签名）

2000.2.17.完稿。

第二部　1952年以後

我的回忆录 第二册

1952年八月私立愛國中学由市教育局接收，改为公立开封市开封中学，派来何晓光为副校長主持校务。何到校后首先依靠我来协商校务，整顿了教师队伍，个别极不胜任的教师调到小学任教，职员暂维现状。接当时校舍是完全中学，高、初中廿余班，原来一座教学楼只能容纳十八个班。第一个任务是扩建校舍，我作为何晓光的主要助手，协助规划教室、实验室、学生宿舍的建设、全校学生训导、建立共青团组织，外出参加党务会议等等（当时学校没有共产党员和党支部）整天忙碌不堪，我也十分卖力。52年10月间，调来张绚为教导主任，这样何、张、沈成了学校领导核心，经常我们研究校务工作到深夜，由于三个人的个性都强，意见常不一致，我想到这样下去浪费时间，耽误前途，适学校缺乏物理教师，我主动提出下组任教。几经磋商何晓光始放我下组，才得摆脱这"领导核心"工作。于今想来，当年这一步是走对了，否则常期搞杂活，没有专业能力，打了右派以后谁还要我工作？教物理虽非我的专长，但我是工专毕业学的机械，入黄埔学的是炮兵，虽然当了十年反动军官，但数、理、化基本知识尚未丢完，拾起来继续深入还是能教物理的。当年有人议论：

改私立中学为公立开封中学

"当过国民党的反动军官，一旦落魄还能教高中物理，奇迹"。须不知黄埔本科毕业生，都具有较高文化水平，当年投笔从戎，为的是拯救国家于危亡，复兴民族，振兴中华，抗日救国驰骋于战场，多少人牺牲于战场为国捐躯！现在活着的人，为建设新中国当作家、书画家、教授、教师、中医、工程师者比比皆是。它不同于旧部队另一部份杂牌军、地方团队的当官者，他们当中确有不少鱼肉人民作威作福的武夫，给人民留下恶劣的形象。

任教中学物理课

教物理光有数、理、化基础知识是很不够的，那几年我重读了高等数学、高等物理学、理论力学、材料力学。学习了晶体管基础、原子物理学和高中物理教学参考丛书、心理学、教育学等等，使掌握的知识数倍于教学内容。教科书所列的演示实验、学生实验我备课均亲手做一遍，达到在课堂上演示时效果良好不出毛病，对学生实验更深入作准备，充分考虑学生动手容易产生的问题，使指导学生实验得心应手，解答简明。教学语言、应举实例，板书排列，备课时均写入课时计划，深深理解到"教学相长"意义。53年教了一年初中物理，54年接着教高中物理，我的教学技能逐年增长，直到83年退休我教了卅年中学物理，成为一个合格的中学物理教师。我教过的学生在开封市碰过头的任了级教师、教授、高级工程师、主任医师、系主任、中学校长、院长的约之者已数十名，可谓"桃李满天下"。

从49年底在四川新都起义至57年底反右斗争前，这八年间，我算是留大陆的"反动军官"中的幸运者。50年至52年春在川北军区任团级参议，工作顺利，生活较好，虽然添了小孩，她有保育费、保姆费，没有形成家庭负担。52年转业开封任教，我在开封中学当教师，昭芝在文化干校任教师，虽然54年元月又生了小孩，一家六口还加上保姆李嫂七口之家，夫妇两人工作也过得不错。57年底以"莫须有"的罪名把我划为"一般右派"，58年处理时结合我的"反动团长的历史"（按起义人员既往不咎的政策，根本不应按〈历反〉论）开除公职劳动教养。不合理的处理，人为的政治压力、经济压力全落在昭芝一人之身，使我的家庭濒临于"家破人亡"的境地。幸昭芝忠贞不渝，坚信我实非罪人，顶着巨大的政治压力和经济上的窘困，保姆辞退了，住房减缩了，仅靠每月六十余元的工资（每月还寄给我五元零花）支持着四个孩子吃穿上学，其艰困可想而知。其时昭芝是干校工会主席、女党员培养对象，因我打了右派，运动中又逼她与我离婚划清界线。她实事求是，不认为我是坏人，坚持真理，全顶回去了。自然

以"莫须有"罪名被划为"右派"

她的工会主席，党员培养对象全抹瞎了。（她去世以后我翻阅了她在反右做检查中仍在为我的右派翻案，其坚持真理忠于爱情的高贵品质使我敬佩和感激涕淋零）

在西华农场劳动教养

58年5月我被下放到河南西华县五一农场劳动教养，别妻离子女无限惆怅地离开了幸福家庭，到五一农场林楼中队集中的全是所谓"右派分子"约二百余人（其他各队还有判刑的劳改犯共来改造的数万人）之中，其知识分子全有，教授、教师、医师、工程师、厅处级干部、大学、中专学生，真所谓人才济济，全部强使其"劳动教养"美其名曰每人每月发工资11元，自劳自养，不算犯人也不派兵看守，实际比犯人更不自由，生活更苦。管教干部利用右派间生活与劳动中矛盾搞窝里斗，打小报告告密，弄的人人自危，老老实实干活吧！初到农场时荒地一片（当年的黄泛区）房无一间，派来几个有种地经验的劳改犯，带着我们劳动。生活之苦无以言状，一个杂面窝窝头，一碗青菜汤，整天处于饥饿中。配合机耕队开荒数千亩，种植了各种旱地庄稼，秋天获得丰收，秋收时粮食堆积如山，总算吃了几天粗粮饱饭，粮食一入仓，我们又处于饥饿中。入冬并不闲，打坯烧砖盖宿舍库仓厨房、马厩等等，用我们这些无偿的劳动力不到一年时间农场已像个样子了。胜利的果实倒便宜了那些管教干部及其家属，他们捡好的吃用，我们右派"会饿死在这块土地上的不乏其人死后芦席一卷埋入沙窝连家属也不主动通知。社会主义的理想是美好，但这里社会主义的名词也未听说。

58年秋后，掀起了"大跃进"热潮，大搞浮夸风，"卫星"满天飞，河南西华的卫星"亩产七千斤"，听了令人发呆七千斤粮食铺平在一亩地上有多厚！庄稼怎样长呢？令人难以置信。我们农场附近条用小村併大村，集体吃饭，集体劳动弄得鸡犬不宁。挖红薯比谁先到地头，结果大量红薯弃于地下，可谁也不敢公开挖回家！农场里搞"千亩百池"积肥运动，半夜把人叫起来打火把去积青草肥，彼此弄虚作假弄得人困马乏毫无实效。对我来说已经饿得骨瘦如柴，加之家庭包袱很重，又不敢到地里偷吃红薯之类，以示已真无邪，加之劳动频繁，结果病倒虚脱。幸承一位唐河县的日姓右派医生，抢救输液得免于死。当我躺在方桌上病危时，开封一高的一位语文教师与我家有些来往，特嘱咐他在我死后向我家捎信，鼓励昭芝坚强些，把孩子养大，成为国家有用之材。

幸未病死

病后极度虚弱，已无力下地劳动，队长叫我实验沼气，用以点灯做饭。我只知道它属于有机化学范畴，不知其详，只好写信叫碧芝去开封给我买参考书，碧芝照办了。经过一番研究实验开始了，利用玻璃瓶当试瓶，鸡肠、羊肠代皮管、木盆、细竹竿当收集口、煤油桶当储气口，又写信碧芝托上海朋友买来温度计，经过多次试验成功，并向全队做了点灯做饭表演。但缺乏经费和水泥无法大量生产，实际队里目的只是向上级报喜表示我队能生产沼气而已，也无意花钱推广。继之调我到技术组设计生产土制切片机，以解决手工切白薯片的速度，与木工、铁工合作下共同完成了这项任务。此后没有下地干过活，看场，剥麻皮等轻活。剥麻皮虽属轻活，但脏得很。日久脚面感染，疮口日益扩大，三分之一的脚面坏死，长期不能愈合，被送入农场医院，条件虽然差得很，但右派中确有较多医生，他抽我身的血与消炎粉调合，敷在伤口处，半月不解绷带，疼痛逐渐减轻，半月后居然愈合了。于今左脚面还留下两寸长的伤疤，算是劳教中的纪念吧！

试制装沼气与切片机

左脚面伤疤的来历

把知识分子打成右派，再集中起来劳动教养，已实证明这样做是错误的。他们没有违法乱纪扰乱社会，俗云"秀才造反三年不成"即令是真正的政治思想问题，也得以理服人，才能调动积极性，共同为社会主义做贡献，何况并非真正反动，利用群众漫无边际的批判或在历史问题上大做文章，赶到农场，切断其经济来源，使其一家人在政治经济上受到压抑，这能起啥好效果？更有甚者是人才的浪费。知识能转化为生产力，当年我国的劳动生产率是相当低的，如把这部分知识分子的积极性调动起来，投入生产建设，可能我国能提前很多年赶上先进国家。

整知识分子何益！

当年送去劳教时领导上曾说过："教养时间不过半年希努力改造"这或许是党在当年的打算。但"大跃进"以后连续三年自然灾害，苏联反脸逼债撤走专家，台湾还叫嚣"反攻大陆"劳教成了无期徒刑。当年我们议论，"我们有啥罪？即令说过反动话，也判不了一、两年刑，老早该叫我们走了。现在我们生活比劳改犯还不如！劳改还发衣服给点零化钱，我们自给。但劳动创造的财富不属于我们，收获的粮食堆满仓库，可我们一顿一斤白薯一盆清菜汤，能不饿死人吗？"

可能这些议论传到了党中央，60年派来了调查组，那时我正在花生地搭窝棚看场，单独起居地

上级来人调查右派生活

较自由。一天一个干部模样四十岁上下的人找我攀谈，言语间有些打听农场和劳教人员的情况，我虽不敢直言，还是透漏了一些。过了一个来月，发现干部有了调动，队里主动在教养人员中调查已死人的葬身之地，他们对劳教的态度好了些，生活微有改善，说明上级对农场情况有了知晓与改进。

61年在农场终于盼来了"右派甄别"，管教和干部看来忙得很，外出调材料，开门看档案，经一两个月的忙碌，终于集合全队劳教开会，名义上是宣布"劳教解定期"有定半年、一年、两年的，但从现象上看来，定半年的属于右派罪名不能成立；定一两年的属于兼带有历史问题的；并无按劳动表现之说。我当时宣布的是"劳教半年"

离开农场有望

但据外来信息，原单位改造的右派大多数已经"平反"了，在农场改造的右派数以万计，遣返大费周折，而况当年粮食紧张限制人口进入城市，回城必经原市批准入户口才予接纳。事实上从宣布"劳教定期"定期半年的已经开始遣送，但市里不接纳又返回。以後队里干脆宣布"劳教定期"半年的人各自向家人联系及求地方开据"准入户口证明"而后发路费自返。

从劳教人员这次定期表格可以比较看出，我的"右派加历反"应属平反之列。例如开封师范的校医岳峰他在旧社会只当过步校军医，定的是两年，我当过三校团长只定了半年，岂不说明起义人员不能算"历反"；我只在党支部召开的"帮助党整风的座谈会"上向党支部提点意见这算什么右派？心里有了数心情宽舒得多，三年的折磨死去活来快到尽头了，然而思家之情与日俱增，首先要求启芝派聪聪到农场来看我，十五、六岁的孩子经过两日跋涉才找到林楼中队，为了他到来我买了十几斤甜瓜，斯时我正在炒花拌毒饵，准备让他吃个饱，谁知来到队部登记适值我到我恰被队长发现，队长大发雷霆，不准他与我同住畅谈。聪聪的态度也不好，他对於政法单位的人竟连起码的人道主义都没有；父子仅见一面，未能深谈。却给聪聪打下了对劳教场所极恶劣的深印象，使他思想极度反感。

聪聪来遇到恶劣的管教人员

未久我写信要求启芝来农场看我，启芝借了对门二嫂廿块钱，从开封乘车到太康，改乘架子车到林楼农场，一见到我瘦得只剩骨架子的身躯，热泪盈眶，泣不成声。我看到她消瘦的面庞心情沉重，远非当年久别如新婚的欢快之情。我在宿舍后新盖好尚未使用的猪圈内打了个地铺，夫妻俩谈了一夜离别之情

启芝来场探望

含淚送妻歸

和家庭续了，得知玲玲高中毕业后留校工作了，聪聪在高中留了一级尚未毕业，琍琍在南关二小学习，昭昭在南门里幼儿园得到一位阿姨的特殊照顾还吃得胖胖地。

开封物资匮乏物价飞涨，生活十分艰困。学校行政人员和农村一樣均吃大鍋飯，钱和粮食少大家都吃不飽。城市和农场形成反差，农场粮食吃堆不让吃，城市缺粮菜没得吃，如何得了？启芝在农场只待了一天，与我同吃職工伙（这时我已离开大伙）她觉得比她学校还好些。第三天上午吃了早点后起程，我俩徒步向太康城方向前进，我以虚弱之身陪她慢慢前移，谈及往事感慨万千。我时年四十五岁，应是身成名就之年，窮途潦倒如此境地，非我无能也！"命也运也"。行约廿里始碰上一辆空架子车，谈好车价让她坐车继续前进，我们难舍难分之情，痛及心弦，我俩结婚已廿年从未分开过三年，而且政治压顶，经济窘困，家庭几被拆散，我在死亡线上挣扎的三年，终身难以忘怀！

1962年的春天启芝经多方周旋准我入开封市户口的证明终于来了，拿着证首先找到队政治指导员并问"我的问题啥结论？"他说："没了了，回去找原单位安排工作"也未给什么证明。结算了拖欠工资到总场开了个"结束教养证明书"领了点路费，徒步上路了；这时我才感到人身自由的可贵！手上有了二、三十元，首先考虑的是先填下久已空虚的饥肠，在路边集上买了一只盐水煮的约有三斤重的鸭子，狼吞虎咽地解决了，真正体会到"饥不择食"的意义。徒步到了漯河搭上火车到郑州转车到开封，抵开封到家已是午夜十二时，在院里窗口喊醒了启芝开门入室，小訓、小明听说爸爸回来了也从被窝里扒起，看见我又惊又喜，我从袋里掏出在农场买的白薯馅月饼给他们吃，吃得津津有味，孩子饿成这样了，心里十分难受，深觉无能的爸爸很对不起他们！第二天上午全家总算团聚了，同院各家都来问寒问暖，三年多的农场折磨告一段落。

得幸生歸

回家后的第二天到四中找了校长徐邦俊，将农场的结论转告了她，希望尽快给我安排工作，但她的答复很含糊，说："现在市里正在缩编减员，学校暂时没法安排，等等再说"这与离开农场时队指导员交待的差距太大，估计其中有变。经访四中右派留在市教劳部改造的井其忠、李行素，说他们结束劳教后回到四中，当时接纳了，过了很短一段时间又叫回家了，他们也摸不着头脑。事后听说"河南省的右派太多，一下子解放

河南的极左作法

人间还有恩情在

没法安排，遂订了一条"线"，凡58年6月以前处理的右派基本平反了，六月以后处理的右派暂缓平反"这一棍子把一大批遣回的"右派"置于不问之地。河南是全国划右派最多的一个省，迫害知识分子也最多，安到钦在那是一个落后省，不免遗憾！在家呆了两天，同院的郭队长（他在南关区房产科任建筑工程队长，与我三叔是过去有交情）伸出了援助之手，他找我说："你们读书人受委曲了，到我那里去看场吧！每天1.25元，星期天也算，每月可入30多元，对家不无小补"。我感情地接受了。看场就是看守建筑工地的砖、瓦、木料、洋灰等，材料基本随用随领，每天剩余不会多，有间小屋子可住，收工后使用的小工具存放在屋里，我在那里住，白天我主动为工人烧点开水，他们上工了我回家吃饭，饿不着也累不着，没有贵重的东西，责任也不大。干了一段时间，郭队长在护城河四中的北墙搭了个手摇抽水机，组织了三个人（其中两人是我在高中教过的学生，一个是学生家长）计件池灰，把我调去摇水车，他如此精心安排是为我干活不重能多收入，这样的人和安排，我怎会干坏活呢？但他们是平分的，一月下来能七、八十元，我很不好意思，他们硬要这样分，每次分钱后我衹好花几元钱请他们吃喝一顿，皆大欢喜，家里也比较宽裕了。干了两个

月，原四中划过右派的黄勉中老师找我到民办育民 再上讲台
中学教数学，月工资37元。我想目前打工虽然多挣几个
钱，但是靠体力的，实非久计。教书是老行，驾轻就
熟，还是教书为好。在育民教了一学期，市里把育民、
联合、黄河三所民办中学合併为黄河中学了，初中共廿四个
班，派王璞为支部书记兼校长，正式接收为公办中学，学
生实交少量学费，经济上是民办公助。教职员经过甄别，
教导、总务主任由教育局委派，教师凡有帽子的一律辞退，
分来几位没有工作的大学生和高中毕业生，所有教职工仍按
民办待遇。所有老教师全属没有帽子的"右派"，他们的教
学能力都比较强，原来都是教大学或高中的教师，一般
中学的教师很少有这样多能力强的教师队伍，真所
谓"好吃不贵"。学生几乎全部是没考上高中的落榜生， 千方百计搞好教学
这样的素质教起来很吃力。我仍是教高、初中物理，每
周排课最多达到24课时，等于一人当两人用，为了生
活，只好忍耐。教物理不搞实验等于空口说教，学生难懂。
买仪器无钱。为了教学效果，千方百计自己动手。到教育局
"哭穷"要一点，把他们报废的不够格的仪器我尽量收
罗，拆拆卸卸改为所需的仪器代用，自己忙点，学生学来
兴趣高，接受快，我教的学生升学率达到90%，受到上

级表扬。这一段家庭生活比较平静，肩上的担子减轻了些。63年玲玲出嫁了，相继聪聪也分配到民办联合中学任教，生活条件略有改善。

1966年6月以後，"文化大革命"开始了，校长王璞被打成走资派，我们这批老教师全部成为"牛鬼蛇神"被关在一个教室里不准外出回家，接受审查。学生在社会上破"四旧"抓老师批斗一阵，什么"保守派""造反派"纷纷成立，什么"以阶级斗争为纲"由校内闹校外满城风雨乱了套。未久又来个"大串联"学生免费乘车乘船全国到处窜，毛主席也多次接见"红卫兵"，大字报铺天盖地，在"文革领导小组"江青、康生等的指挥下，斗了个"天翻地覆"人人挨斗。

文革开始了

在学校内部，学生斗老师一阵子过去了，老师间又互斗。张自亮是造反派头子，一个外贸部门的勤务员，学了几天英语单词当上外语老师。乘机闹上一阵之间凭着造反派头头的身分当上了校革委会主任，掌握学校大权。靠斗起家的人，离斗无术，当然对"牛、鬼、蛇、神"开刀。一次校选举，他宣布我是"右派"没选举权，我问他："你根据什么说我是右派？你懂吗？右派属于人民内部矛盾，从未剥夺选举权？"他横蛮的说："就是不

以"阶级斗争为纲"

给选票"造反派就是这样的水平，不可理喻！

无法无天

潘在奇是一个从农村小学调来的普通党员干部，总关系坐上这个学校党支部办公室主任，这时成为保守派的头头。其人不学无术阴险毒辣地道的两面派，时而支持保守派时而支持造反派，如果斗到他身上，就斗"牛鬼蛇神"以转移方向自己蒙混过关。什么戴高帽、坐飞机、汽车挂牌游行只要社会上会花样，他就拿"老牛"来开刀，来个轰轰烈烈，自己"平安无事"。在他的策划下竟给我"再戴上右派帽子"打成"反林彪的现行反革命分子"步步转过身来又对我笑脸相迎让我给他买廉价木料。如此"共产党员"怎让他钻入党内？文革进入尾声时，他设法调到四中逃脱了"罪恶清算"。他比张志礼"撤掉文革主任、清除党外"的后果魔了一丈。

文革学生和部分青年教师到处串联后，"牛鬼蛇神"没人管了，我们这些"老牛"领了工资不干活总觉过不去，有的打发到教育农场种地去了。我和校工郭振海在校内干木工活，修理桌凳总算没有闲着。68年秋后，毛主席号召"复课闹革命"但是学生来校寥寥。68届毕业生动员他们上山下乡，这批"造反派学生"下乡后学校比较安静下来，文革运动转入"大批判"什么"批林、批孔、批周公"矛头对向了一大批上层

晚霞更灿烂：一

创办校工厂

老干部，斗"老牛"已不是重点，经教师吴志斌倡议创办校办工厂。吴是我在四中高中教过的学生，当年还是物理课代表，有这层关系我也愿帮他的忙。首先是做肥皂土法上马，一只大锅几只汽油桶割开，模具我亲手做，工厂就这样办起来，工人以"老牛"为主，当时市上物资缺乏，做出肥皂质量虽不太好，但也不愁销。生产一段时间油脂缺乏只好停产。

自己下手搞技术

小工厂既已开办，不能让它停下来。我与吴志斌经过市场调查，发现搞电镀加工还有出路，大搞小搞均可。为了学会电镀技术和所需设备，我走访了电镀厂、车辆机械厂电镀车间（在四中高中教过的学生栗凤楼任车间主任），弄了两本电镀学，狠狠地钻研一番，心中已有谱。又到空分厂、闸门厂电镀车间，细看整流设备和全部操作过程，觉得努力实践摸索，能够掌握生产技术。设法在无线电一厂借了一部陈旧不用的200A硒整流，买了几口大缸，自制了挂具，买来三酸，自配镀液，白手起家（就利用做肥皂时赚的几百元）投产成功。开始联系上制刷厂为其刷圈镀锌，还是用"老牛"当工人，我是技术指导，用一口小缸当镀槽，日产镀件三十多公斤，日收入百十元，由于厂房、工人均不掏钱，除电费和水、镀渣消耗一些开支外，利润达成本的3—4倍，未及半年盈利达万元。这钱来之不易，我日夜钻研技术与操劳，"老牛"们带毒操作，没有劳保着具，也不发营养费，更谈不上发补助，这些积累是用我们的血汗换来的。

有了点积累开始扩大生产。首先要买整流器，一台500A的硅整流器需3—4万元，另外镀槽、清洗槽均需扩大，那来这多钱？仍是自力更生，用精神力量补物资的不足，我自费买了几本有关整流器原理与制造的书籍，刻苦钻研，走遍市里几个废品收购站，买来旧矽钢片、旧铜线等，我找几个较机灵的学生业余帮忙，终把200A硒整流器造出来。焊了一只50×80×150cm³铁镀槽，特制了挂具等，能镀140cm长的横担等，扩大了生产，改善了些劳保着具，夜班每人发两角钱夜餐费，一日两班能镀2—3吨货，日收入700—800元。为了招揽生意，在保证电镀质量下每吨镀价低于市电镀价30—50元，并承担免费义务接送货。这样生意兴隆起来。

研製硅整流

紧接市塑料厂的螺丝刀生产，要求我厂为其镀铬，这项工艺较镀锌复杂得多，要经过清洗、抛光、镀铜、镀铬几个工序。我顶风而上，原来的硒整流容量远不够用，必须添置500A以上的硅整流器，买不起，还是自己动手，但是产工艺较复杂，我除买了几本书钻研外，找了几位行家来我厂加工，我在名义上帮他们的忙，实际是偷偷学手艺。变压器绕好了，整流架焊好，及到排线组装时，他们提出连日加班太累，要求休假一天，我同意了。就让他们前来休息，利用我不在场的空档迅速地排线组装，第二天我来时，整机装好。我表面上赞许，但他们的花招我也看透，怕我一眼看透他们的技艺。其实这又何难？机器各部结构原理我已学懂，费了周折我照样能组成，试机认可后给他们结算了工资打发他们走了。为了摸清机器线路的来龙去脉，便于以后维修与生产，我逐一拆卸分析绘图，掌握了全面，而后又组装起来，使我从理论到实践履行了全过程，充实了今后自己生产的信心。其他抛光机、镀具等我又亲手完成。厂房扩大，学生也分批来厂学工，教师排班参加生产，成了一个初具规模的镀铜、镍、铬的电镀校办工厂。名气因而大噪，各中学也纷纷来厂学习参观取经，我这个所谓"老牛"也成了校办厂中的"名人""技艺高手"。十四中、五中、十五中请我帮助他们成立电镀工厂，我也毫无保留、无偿地协助他们把电镀厂成立起来。

搞电镀出了名

搞电镀的一多，加工电镀的相对减少，这我厂的加工大广东线缆四材厂他们利润几乎一半为我厂贡献,提出要我们帮助他厂成立电镀车间,我与吴志斌商量,资源就这么多,多吃难吃饱,干脆转产他物,"宁为鸡首不作牛后"。改产!

"老牛"赵吉亭当时任供销员,他与省教育厂仪四供应站的一位科长是老同学素有来往,想着我校办工厂小有名气的和声誉,要求该站厂千电四的数字仪四交给我们生产。联系结果比较顺利,先答应为他站生产"示数三相交流四"。有了产品准备电镀逐步下马。答应了线缆四材厂帮助他们成立电镀车间的要求,派来两名有初中文化程度的工人我指导他们生产500A硅整流器,三名初中文化程度的工人到我厂电镀车间学电镀技术,经过两月的组装与培训,我带着这帮学徒回厂并亲自指导把电镀车间成立起来,没要他们分文报酬,一张红纸写的感谢信了了。五、六十年代为建设社会主义,只谈奉献不谈报酬的风气于今已消声匿迹一去不返了,哀哉!古人云"不患寡、患不均"这句名言,针对时弊。当年我家够穷了,还给我扣上"老牛"的帽子,何以能调动积极性为社会主义服务!先辈为实现"社会主义美好的未来"而宁愿自我牺牲!于今年轻人应该学点历史,有点爱国主义精神。

无私奉献乐于助人

1972年分配几名下乡知青来厂当工人,这是我第一把接收的学校，电镀只留了个自用的小车间，安排新工人制版学电镀。我与翟安祥到常州某电器厂参观了充电机的生产情况，这些产品为汽车电池充电，有销路，它的原理与我自制的大型硅整流器原理相同，只是电器线路上有些出入；我经修改设计，培养杨留贵为检验员，组织李玉、帖凤、侯玉凤、李秀芝、辛秀贞等十余新工人绕制变压器、敲机壳、组装等，每道工序都由我来自手把手的教会，成机检查、交库。工厂组织也进行了分工，技术、供销、财务各部门健全，厂长仍由吴志斌、翟安祥等担任，我仍负责技术指导、技术培训、产品设计、设备自制等，整天忙忙碌碌，可精神越来越好，再没人向我搞政治斗争。75年又招来十九名下乡青年来厂当工人，成为四十几人小而全的小工厂，从机壳、变压器绕制、整流器焊接、线路组装、检验等，不需外加工完成。又经赵春亭与省仪器站联系，试制中学电学仪器均交我厂生产。这期间我设计与指导生产了三相变压示教器、充电机、充磁机、交直流两用低压电源、恒温箱、点焊机、热压机、电解制氧机、超声警报器、超声油水混合机等等；经济效益大增，银行存款经常超十万以上，并添置了车钻、铣、锯、切板、冲压等机械，可进行各种金加工。我的声誉日高，省仪器站聘请我任教学仪器鉴定工作，各地试制教学仪器均需经我

培养工人学技术

新产品源源出笼工厂扩展

签定认可后始同意生产订货。说明一个问题：一人只要自强不息，用实际行动为人民做出贡献，任何诽谤诬蔑都掩盖不了自己所做出的功绩。——一次省教育厅副厅长徐××来厂参观，反复两次来车间看我指导工人生产，却没有与我谈一句话。（这时造反派早给我再戴上"右派"帽子。）可他在离汴前召开的市教师会上说："……开封某个中学的一个"右派"，在技术设计与指导生产上为校办工厂做出突出贡献，说明"右派"同样能为社会主义做出成绩……"弦外之音，总算说出真心话。

上级领导也说了真心话

用无偿技术、义务劳动，和低工资廉价劳动力使21中校办厂扩大，声誉卓著，积累增多。造反派头头张忘乎所以又出点子了，搞什么学校"三自给"（教职工不要国家工资，对学生不收学费，无偿发给书籍文具）很明显，他们想用校办厂积累抬高他们的名誉和地位。小小校办厂，那有长期支持办学的力量？无非是虚夸一阵，把艰苦积累的十几万元资金吃光花尽而已。我是创业者当然反对这项措施！但"专政对象"意见能被接纳吗！当全体职工到市教育局"报喜时"陈益局长说："你们学校在目前的教育经费转时代为保存……"说明市教育局也是反对的，但造反派当道谁能说个"不"

胜利果实，成了造反头头上地梯

穷。不到一年的时间，这个"伟大创举""捉襟见肘"了。为了增加经济收入，除原生产电学仪四种，又开创微型电机生产，与李国英跑了一趟山东淄博市，特地参观了那里的一个小型电机厂，取了点"定子、转子、矽钢片、绝缘品"，参观了他们工人下线程序，回京后通过关系到开封电机厂找了图纸，经过试制，又派工人到市里一个福利电机厂学习了工艺，即开始生产0.75千瓦电机。生产形势好了一些，但资金十分紧张，张志礼不得不停止了"伟大创举"开始接受了国家经费。

电机生产开始

但张志礼捞钱胃口很大，派卢欣欣办搞塑料袋加工，这个不学无术的人，联络几个老飞头，利用园小一席之地，搞起塑料袋加工，他们採取的投机式的经营方式，不到半年时间，反赔本数万元。这个苦果仍落到校办工厂身上，使学校不仅积累花尽反倒负债数万元。

投机取巧终有结

1978年开始清理文革中的冤假错案，文革中给我"再戴上右派帽子""现行反革命"等一概不能成立，说什么这是群众搞的，未经党的批准概不成立，把运动强制写的检查材料一概退还本人，"清楚不了糊涂了"。老百姓无权无势，一肚子怨气向谁诉说？

不了了之

关于我的"历反加右派"问题，个人档案中早已清除，也不谈平反、"恢复公职"了。这样轻率处理，令人难服。廿年的政治迫害和经济压力以及对家庭及子女前途的影响，这个帐实在没法算，错案这么多、涉面又广，谁也不管"青、红、皂白"，不了了之。人只好退步想、"向前看"，亏死你没人偿命！可以自慰的是，廿年来报国之志未改，无论是在农场、教学、办厂——如前述——确尽我所能做出了贡献，一个真正的爱国者，祇有用事实来证明他的行为。

终现庐山真面目

政策落实后，启芝和我都感到宽慰，孩子们也都看到"庐山真面目"，虽然怨气还未吐尽，不再背那强加的政治包袱。家庭经济条件有所好转，周围的人们开始刮目相看，学校领导要我担任理化生物教研组长。

这时校办厂已欠债累累，纪律涣散，卢振欣已被撤换，以致谁也不愿接任。支部书记周郭贤典找我谈：希望我兼任厂长，我以教学任重无暇顾及推辞，他说："工厂是你背着政治包袱，想方设法协助办起来，今天该是你名正言顺地当厂长了"我说："祇要办实了当否厂长无所谓，于今快垮台了，比创厂还难，实在负担不起。"他说："你的办法多威信高，凭着我们私

勉强接受厂长头衔

人关系（在四中时我们同学）这个忙你要帮。"我说"话说到这里我只好勉为其难了。但是时间是半年，再者尽量不要干扰厂里正常生产，需要大刀阔斧地整顿一下"。考虑到大部份工人是我的学徒，当年手把手地教他们技术建立有一定的感情，会计出纳、采购员也是从工人中提拔起来的，要求严些估计他们不会反感，只要本人大公无私率先躬行，吃苦在前享乐在后，定能在较短时间内将小工厂起死回生。

为救小厂起死回生

上任后先召集全厂职工开会，谈谈目前小工厂情况，如不整顿，工厂垮了大家吃饭都成问题，只有大家全体上下同心，发扬当年创厂白手起家艰苦创业的艰苦作风，才有光明前景。特规定几条要求共同遵守：

1、按时上下班不得迟到早退，上班点名，下班检查人数，有事请假，事假扣除当天工资，病假要医生证明免扣。产假按国家规定执行，孕期超七个月不排夜班。

2、班组工人按规定指标完成任务超产有奖金。

3、科室人员完成本职任务后，还要参加简易劳动，完成任务好的发奖金。

4、集体劳动如突击装车，打扫卫生等，全体出动，不得溜号。

为保证规定贯澈执行，增设一名调度员，负责各车间任务安排，登记完成情况为评比奖励之根据。

各工序完成的半成品，交由下道工序组长验收登记，不合格者拒收退由原操作人返工，不计工时。废品罚交原料费，节约原料上交，按价值50%奖励。

成品交由检验员测试检查验收，签发"合格证"交库，不合格者退交组长返工，不计工时。

采购员九点到厂，按时上班听候安排任务，外地采购要预订采购时间，不得故意拖延。旅费按规定报销，长途旅行不乘卧铺者节约部分归己。

办了托儿室婴儿免费交托，哺乳时间规定一小时，不计工时，看病药费报销。一般不加班，必要加班发加班费。重体劳动及连续工作者如锻工浇铝发送午、晚餐（质量较好）

我本人经常到车间走动，既是技术指导及时发现问题，当场解决，又是检查工作。

每月发澡票两张、电影票两张调剂生活。

赏罚严明，本身做起。例如工人王芳把车间公用面盆、毛巾私藏己用，我得悉后当众查出并予以批评。这次发电影票，当众扣发了她的影票，用以儆戒。事后向我作了深刻检查，我又把彭案补发了她，指出罚不是目的、教育改正才是目的。一位爱提意见的工人李秀芝说："沈厂长对人一视同仁，赏罚公正，我服。"

规定经过调查研究，执行大公无私，不合理者必改。经过半年时间，工厂面貌一新，生产蒸蒸日上，克服了"计划经济"产品不愁销路，欠帐逐步还清。领了我整顿工厂的任务提前时间基本完成。我向郭曙典书记提出退出工厂回归教学任务。实际上还给我留了尾巴，仍任工厂顾问，工厂有困难仍要找我。（参看附件一（一））

这时已是79年我的"右派"问题得到改正。本人评获提级，在我一再推让的情况下，经众议还是给我提升一级为中级四级工资每月八十五元。经济上宽裕了些，一点闲心想攒点钱陪着启芝到名山大川名胜古迹旅游一番，宽慰一下患难与共的爱妻。孰知美梦未圆，不幸启芝突患"脑血栓"，幸抢救及时未成瘫痪，然行动亦不太自如，只好在家休养，我多精心照料。80年学校迁曾门关，新造校舍也较宽敞，盖了实验楼，仪器室、学生实验室俱全，但仪器寥寥。我身为理化生物教研组长，必须千方百计把仪器充实起来，能按教纲使学生亦能动手实验，任务相当繁重。仪器靠教育局配备远水不济近火，只有自力更生，我在校办厂时经手生产了一些仪器，而且每次产品我处均存有样机，如充电机、充电充磁机、低压电源、三相变压器、恒温箱……等等，我全部交给了仪器室使用。其次三番五次到教育局仪器站哭穷请求配发，去的次数多了，人也熟了，终于获得照顾发了部分演示仪器。21中是民办转化而来，没有老底这不能满足需要，特别是学生实验仪器。为了满足理化演示和学生实验经与校方商量由校工厂拿出部分上交款添置了些，更重要的自己带头发动全组教师动手制作，经过大家努力挤出课余时间，自制了理化仪器七十余种共200余件满足了学生实验之用，凡理、化教纲规定的学生实验全部能让学生动手，大大提高了学生学习理化的兴趣，教学效果相应提高，在全市教学自制仪器评比会上，我做了"自力更生自制仪器搞好教学"的发言，得到同行们的赞许，并被评为全市"自制仪器满足教学的先进单位"我本校记二等功，发给我个人奖金，宴请了全组同仁，鼓励他们再接再励，继续为教育而奋斗。参看附件二《坚持自力更生、初步充实物理实验室》

81年大南里的住房需要翻修，全家包括聪聪一家

充实理化实验室

和小明暂迁居21中后楼两个大办公室。这时学校提出搞五年规划，理化生物包要完实仪器药品提高教学质量难度不小，任务很重。为了搞好工作和照顾俗芝病体，决心不再迁回大南门原地，当给学校修好宿舍一换了之。增置仪器的办法已如前述，同时在改进教学方面也痛下了工夫，所收效果很好。细节参见附件一(二)为实现学校五年规划接任了教研组长。

忙碌的晚年

1981年我已是65岁的人了，可是我一生最忙碌的时期。担任21中理化生物教研组长兼授高中物理课，搞教研、充实实验室、指导校办工厂技术、政协统战部指定发展为市民革成员要参加一些活动，公事缠身已经忙碌不堪，在家里我要主持家务，俗芝"脑血栓"要失治好决不能让她操劳，虽然雇了一个小保姆当门侍候她，但夜间起床小便仍需我来照料。所幸我的精神状态较好，支持着总算没有垮下来。经济方面经众议又提我一级为中教三级月薪九十余元，俗芝病休时八成薪月入五十余元，聪侠夫妇、小明夫妇均是工作人员，分摊须我来负担，当时公费医疗全供，物价稳定，经济总算宽裕的。当年对我的政治经济压力全释，正好是干了些的环境，我也不负党和人民的期望奋力拼搏做了许多，获优秀奖状多块，为自己写下光荣的一页。

没有过几天安顺日子，不幸的事情终于到来。1982年12月20日中午，小昕拿出两张电影票，要我同她去看一场电影，我本不想去，启慧说："去吧！家里没事"这时已接近下午三点，她突然提出要下楼晒太阳，我认为日已偏西，我们再外出没人照顾不安全，劝她还是不下楼为好，她没理会我的建议，逕自扶着拐棍向楼口走去，我只好叫小保姆扶着下楼，小昕搬着藤椅一同下楼，我看了看楼的西南角尚有一片太阳就把藤椅放在楼角照拂她坐下，并交代保姆照料她不得离开。孰知我们走后不久，她感到太阳即将西沉，在保姆擅自离开的情况下，自己扶椅起来，不慎滑倒在地，臀部在地重重地震动下，村工厂工人发觉上来后，二人抬上楼入房间，已经人事不醒。工厂派人通知孙，聪他们来到即时自送二人民医院，这时我才回来。根据病况我判断是"脑溢血"全家老少护送至东郊抢救，用尽最好药物，无效终于1982年12月21日午时逝世，享年六十六岁。12月23日火化，12月26日由开封四中主持开了追悼会到会师生200余人，校书记在悼词中充分肯定了启慧为

爱妻不幸去世

人民教育事业作出贡献。路老生前好友、同事及在汴亲戚均到场致哀，仪式严肃隆重。

骤然失去爱妻，恍惚不可终日，伏案写了悼词，从相识到永别各个时间的回忆录，为吾妻写了传记，以遗后代知晓，吾妻已如前叙。

恩爱的夫妻感情永远铭心，至今仍难忘怀，每常梦中相会若诉衷情。这多年来为冲淡难忘的怀念，奋力于工作以转移思虑，偕朋友只身出游消磨时光，以优异的成绩告慰吾妻在天之灵。

1983年"一刀切"办了退休，学校仍不让我下岗，扶植理化生物组并担任校办厂顾问。民革藉此机会要我参加办学，由顾问而副校长而校长又参办学十年至1993年我年已七十七岁精力不济请辞了校长职务退居顾问。其办校情况如：

附件三《已知夕阳晚，仍须自奋蹄》

附件四《开封市中山业余学校五年来办校情况》

附件五《拾遗补缺服务社会为企业培训人才》

附件六《开封市中山业余学校办学总结》

1980年市统战部派来李妙彬同志（女、中共党员）到我家送来几份学习文件，动员我参加市民革组织，我说："我饱受政治上的磨难，一心教书，无意参加党派活动"一句话把她堵回去了。尔后又多次来家动员，连瑶芝都有反感，尤其来家连自备宝，我除应付几句，从未肯允。李妙彬同志看来此路不通，找到廿一中党支部书记邹贤典向我做工作，他与我曾在四中同事，谈话自然随和些，我开诚地谈了些思想顾虑，他反复说明当今政策和形势，为了党的政策落实和社会主义事业，个人有点牺牲，又算什么呢？话说到了尽头，我终于同意参加民革。待李妙彬同志来校询问动员结果时，邹贤典对李妙彬说："你们发展沈继周入党，目标找对了。他工作能力强，热情高，善钻研，待人好，事业心强，锲而不舍，在我校数学教学成绩显著，是我校主要骨干。"

参加民革

加入民革后深得当年老主委朱肇修之看重，我对民主党派的看法逐渐有所改变，1986年为"开封统战"期刊写了一篇文章〈一个统战对象的自白〉●对于思想认识。参看附件七一个"统战对象"的自白既然参加了民革，当然应为党派的目标做些工作，市民革全体党员大会公选我为"市委员""为四化服务工作委员会副主任""祖国统一工作委员会委员"几个职务。教学工作已于前述。为"祖国统一"和"振兴中华"方面也尽力之所及做了一些工作。其内容概如：附件八〈促进祖国统一，致力振兴中华人人有责〉

1985.5.我被市统战部指定为河南省黄埔同学代表参加中南三省一市武汉黄埔军校同学会第一次代表大会，会中见到本期同学谭定远、李钦民，分手47年的又重逢聚谈甚欢。从谭定远同学处获悉台湾许多本期同学情况，郝柏村任一级上将参谋总长，蒋纬国任上将荣民辅导委员会主任，于豪章任上将国防部长、周士富任中将砲兵总司令、王守愚任中将工兵总司令、李方贡任中将联勤总司……其他总司令几乎全为十二期同学共包揽，在台湾上层军事领导层占有优势地位，其他任少将、上校者多数已经退役，移居美国、加拿大者颇不乏人。获知这一情况令人振奋。上层领导军事首脑半数以上过去曾是在校同学或是在黄埔军中同事了，为今后进行祖国统一工作大有作为。

参加武汉黄埔军校同学会代表大会

1987.5、由成都黄埔军校同学会十二期同学乔蒔蔓、刘志昌、吴纯信、曾長祝等组织并联络各地王章、谭宗远、袁锷、陈寿熙、刘健人、陈绍隆、彭秉彝、白大常诸同学收集整理出了一本《黄埔军校十二期学生总队同学通讯录（在大陆）》共计145人，使我获在大陆尚健在同学的通讯地址，旋即与一些较熟悉的同学取得联系，交换了信息联络了感情，并乘去北京、上海、武汉、南京、杭州之便，先后与苗吉圃、张永模、邓锡洪、王偃武、吴世武、谭宗远、晏良政、徐行、梁毓纯、胡之翟峰、李钦民、王仲和等同学会晤，王仲和、李钦民、苗吉圃、程扬、王仲和等还与程李沐聚首，又与台湾回大陆探亲的李万青至郑州聚会畅叙别情，通过交往增进了感情，诚如"有朋自远方来不亦乐乎！"

台湾本期本校十二期同学会编有一本很精致的带照片的通讯录，周士富回大陆探亲时带来一本交给邓锡洪一本，由于两岸尚处于隔离状态未便普送，记录尚健在有145人。虽知道了他们的通讯地址由于台湾当局限制与大陆同学普遍交往，祇有极少同学去过函候。本期同学28年毕业时七百余人，抗日期间牺牲不少，算上阵战和病故，目前尚健在估计约250人且均

任河南省黄埔同学会理事

耄耋之年，五十余年的沧桑幻变，空云乘机忽当年报国壮志诸多未酬，徒留慨叹而已！

1990年底河南始成立《河南省黄埔军校同学会》，是全国各省最后成立的一个。其政治、经济之落后可想而知。我在会上被选为理事。数年来只开过两次理事会，同学会虽在省统战大厦设有办事机构，但无具体领导人坐镇，无人问问，形同虚设，使各地市同学会工作难以推行。

1986年开封市包括市属五县共有黄埔同学会员120余人，市区仅有会员80余人，自发地成立开封市黄埔同学联络组，公推我为组长，王光杰为副组长，艾信武、李纲、张绍光、徐晋奎、郝季礼、张文超为组员，利用我中山学校为办公地，经费由学校开支部分，同学赞助一点。当年张、徐、郝当时系在鼓楼区民革支部成员，与区领导关系很好，每利用鼓楼区三胞委员会活动机会与黄埔老兵活动经常，有声有色。但张、徐、郝相继去世，93年我又辞去中山学校校长职务，连办公地点也没有了。91年曾邀集部份黄埔同学成立《黄埔商行》，意图通过经营在经济上打点基础，由于用人不当而失败。目前初步设想了联络组成员重振旗鼓，然同学均已老迈，工作遇到困难，祇好勉力前进。目前鉴于在汴黄埔同学会员，诸多老、病、生活维艰，为了慰问和可能给予的帮助，已发起成立互助会，动员经济稍好同学量力捐助，已约两千元上下，利用这点钱为探病和吊唁病故同学之资，杯水车薪，无济大事，聊表同学间亲爱精诚之意。

中共十一届三中全会以来，在邓小平同志倡导下，拨乱反正，用历史唯物主义观点，解放了一大批被委曲的爱国的知识分子，调动了他们的积极性，为祖国统一振兴中华做了大量工作，使经济发展，国威日盛，人民生活有了改善，使祖国逐渐进入世界强国之列。

从1978年初步落实政策，1979年"右派改正"并名正言顺的条件下甩开膀子做了许多工作，而党和人民也给我不少荣誉

1979.1. 被评为开封第二十一中校办工厂先进工作者

1982.9. 被评为开封第二十一中学先进教育工作者。

1984.10. 被评市教育局为自制教具适应理、化实验室记二等功，我所领导的教研组评为市先

进教研组。

1948.10．被河南省民革评为《祖国统一积极分子》

1984.7．被省民革评为先进教育工作者，并组织到泰山、孔庙、济南、青岛参观学习。

1985.6．被评为市民革优秀成员。

1986.元．被评为市21中优秀顾问。

1986.9．被市评为先进教育工作者。

1987.12．市政协统战部召开台党派统战交流会，以个人工作成绩优异受到表彰。

1988.9．被市教委评为优秀成人教育工作者。

1990.12．被省民革评为先进教育工作者。

1991.12．被市民革评为先进工作者。

1980年以来担任了许多社会职务：

开封市政协三、四届特邀政协委员，市政协三胞联谊委员会委员。龍亭区二、三届特邀政协委员，三胞联谊委员会委员，市统战部海外联谊会理事。市民革市委会委员，为四化服务委员会副主任，统战委员会委员，教育支部主委，中山业余学校校长。

中山科技咨询服务部顾问、河南省黄埔军校同学会理事、开封市黄埔同学会负责人、翰园碑林顾问等职务。

1985年春天我已是69岁的人了，爱妻逝去已两年半，为了冲淡思妻之情，全部精力投入办学工作，连晚上也到学校查堂指导教学，整个脑筋别无杂思。每逢暑寒假发身出游，或组织校部工作人员外出旅游，生活基本自理。这样的生活方式，等于是一个没有思想感情的机器连续运转。

续弦——朱云琦

一次民革市委会举行的宴会上，主抓办学的副主委吕公威同志恰巧与我挨肩坐，闲谈中谈到我的日常生活问题，他说："你整天忙于工作，而生活却太孤独单调，长此下去必损身体。"我说："习惯了也没啥！"他说："我经常考虑到如何改善你的生活环境，便于你的工作。经过多方搜寻，发现眼前就有一位女同志，你们如能结为伴侣，能达到互补的目的。"我说："愿闻其详。"他说："与你在一个办公室写作《河南省民革志》的朱云琦同志，当年他们夫妇双双打成"右派"，其夫五九年病故于西华农场，廿余年来她孤身抚育两个女儿成长，于今均已结婚添子，艰苦的任务已经完成，我将离休了，义务为民革写志。她是五十年代参加民革的老成员，为人正直，工作能力很强，比你小五岁，民革组织上也很关心她的老年生活安顿问题。去年省民革换届，你和她都是代表参加盛会，一次代表前往餐厅就餐，你走在前面，我的爱人宗林和其他女代表随你之后，她们对朱云琦开玩笑说："这位老头，就沈德闻精神抖擞，仪表不凡"说着都对朱云琦笑笑，朱云琦也祇笑笑无言，看来你们有缘份，我替你做个媒吧！"过了几天公威副委对我说："经宗林对朱云琦做工作，她虽推辞但未拒绝，男人总得主动点"。第二天我写了一封关怀信交公威转送朱云琦，没来回音，后又经我校教务员史玉桂转送了两封信，终于回信了。经几个月谈伴往还，多会晤，史玉桂从中做了不少工作，接近成熟时双方信与子女徵求意见，未费多大周折，我们于1985年7月17日登记结婚了，邀请双方至亲共三桌人公开了我们的结合。老人结婚主要是个伴，彼此照应度过晚年，在知识界已被公认，我们也未遇到什么阻力。

云琦《改革志》写完了，安排到我中山业校任会计，共同工作与生活，双方的精神状态均有改善，子女们都与我们相处很好。8[illegible]年我俩到武汉小叶处住了几天，参加了〈学代黄侃诞生九十周年学术讨论会〉后到江西庐山旅游了几天、86年看侄到北京五姐处住几天，游览了北京名胜。87年看侄旅游了武汉、长沙、桂林、衡山。89年看侄旅游了上海、杭州、苏州、无锡、南京、扬州。90年以后云琦胆结石开刀，从此肝病不断发作，四次住院治疗，终于1994.9.18.因肝腹水不治逝去。8[illegible]年结发的半路夫妻，终于阴阳两隔。命该如此，今生送走两个夫人，老来还是孤雁独飞！

1995.6. 写完此段落

续妻又病故

1995.10.接获台湾同期同学寄来"陆
中央军校十二期入伍生团~~入伍生团~~入伍六十周
年纪念通讯录"记录了两岸现健在同学通
讯地址234人(1938年毕业时700余人)大部
份同学为国捐躯,少数人故去。闻信感慨万千。
我这一代人,历经沧桑,当年满怀壮志,除抗日
救国作出奉献外,在大陆同学均有伤残,生不
逢时岂奈之何,然负匹夫之责,无愧于国家民
族。

新年之际为联系同窗之情写了六十余份贺
卡聊表怀念之情,凡寄台湾、美国同学贺卡均附
打油诗一首以示怀念之情,兹录于后:

六十春秋弹指间,
耄耋之年始获悉。
往事如烟增怀念,
但祝福体寿而仙。

1996.1.17.写

台湾学友项展骥寄来"项展骥诗画集"
及金婚照片一幅,回赠打油诗一首

金婚俪照似蓬仙，
何来螺夫羡缠绵。
夕阳晚霞无限好，
红梅青松伴永年。
1996.元.17.录.

答云诗"继周戒烟态度有感"

强风暴雨过，　春风拂面来。
天云虽变幻，　重促造者生。
人是有情种，　怎能无动衷。
答云数十载，　确无难戒情。
爱妻切々语，　意在促康生。
语重心又长，　何忍拒九云。
从此决心下，　奋力排烟去。
落得逍遥在，　欢乐伴终身。
1985.9.4.答. 1996.1.17.录.

题沈继周同学近照

俞绍宽 1988.2.28.

谁主浮沉四十年，是非功过任他言。
春秋易老双鬓白，子女成龙晚境甜。
芳草丛丛拥足下，鲜花朵朵簇君前。
丰姿不减当年样，瞩目晚霞燃满天。

1996.2.26.录

读展骥学长诗画辑、~~自愧不如~~有感。

1996.1.寄自台北。

诗情画意令人醉，挥毫如龙气势雄。
皓月光辉映心底，淡泊明志乐无穷。

韬略谋

半世戎马半生儒，著书立说谱凯歌。
哺育桃李将军志，福泽华夏不老翁。

结硕果，指点江山

1996.2.26.写于汴梁

儒将风范示榜样，心存感染酷似公。
才华横溢促英才，造福人类建奇功。

展翼兄 陈夫嫂：

　　春节甫过，心驰分飞；日间再读尊兄诗画辑，感触良多。执教理科四十余载，脑际形成：实践—论证—归纳—总结模式，缺乏艺术细胞，不善文墨，更不懂音韵平仄；读兄诗画，诗兴大发，特写打油诗一首，言简意明，聊表祝贺之情。一笑　祝

俪安

学弟沈继周拜

1996.2.27.

附贺卡照一幅祈笑纳

接阅昆明白太虎学长惠我近照并張
阅后有感回赠打油诗一首

当年英姿飒爽，而今风韵犹存。
夕阳晚霞绚丽，难得潇洒一生。
96.3.11.写.

函慰 刘中华学長

人生浮沉八十三，知足常乐心地宽。
儿孙绕膝话慰老，笑看幼苗日茁壮。
功名利禄身外事，无私奉献写新章。
夕阳晚霞无限好，力促台湾早日还。
1996.3.12.写

1996.5.17.—5.28.武汉行，感慨良多。特写打油诗数首，以记当时心情。

女博士风範——记沈诰幸物主说

为望小女和故友，八一老翁武汉行。
旅途劳顿未暇顾，六层高楼若登临。
洁儿写作忘昼夜，辛勤消瘦惹翁怜。
心为高山敢攀登，著书立说福平民。
功在社会人称颂，为儿骄傲慰生平。

武汉会故友郭量法、娄良玫、谭定远有感。　96.5.20—23.

故友均居耄耋年，雄心壮志已非前。
相叙往日浮与沉，尝尽悲欢在人间。
而今老迈日如梭，无大作为奈如何。
儿孙绕膝堪称慰，但愿国运远胜昨。

1996.9.1.项展骥学长来函并亲笔绘赠“龍梅皓月图”一幅特覆函谢信如下：

项骥兄嫂！

九一来函敬悉。承惠赠墨宝，倍感钦慰。其布局雅致，寓意深邃，运豪放。着实功底不浅，令人爱不释手。当精裱悬之陋室，日以濡目，以励晚志。

附："素园有感"打油诗一首

"有感"

惠我龍梅皓月圖，
詩情画意暖心窩。
梅花多自苦中来，
皓月皎洁仍当歌。
人生本无平直路，
抗倭执教慰蹉跎。
宜将餘勇跨横斜，
争为華夏再献多。

1996.9.17. 弟沈绍周拜。

拟附 展骥兄画中题诗

濡毫最爱写梅花，

玉骨冰姿傲物華。
闲步西窗吟月淡，诗情别有影横斜。

情从何来（家裁）

人际关係贵相互，
欲人善我先善人。
是非曲直无绝对，
金石为开在信诚。
坦途全靠自创造，
斩荆破棘振精神。
温馨环境能自得，
得让人者且让人。

北京行有感　1996.10.18.

秋高气爽北京行，
为逢台湾锺茂君。
诚似三八年分手，
而今老迈拥泪盈。
当年习武在通光，

文韬武略俱存身。
八年抗倭幸未死，
海峡两岸人各分。
来康故旧还相访，
挥泪忧思四十载。
炎黄子孙盼一统，
国共合作中华兴。

苗秀圃付来健老诗句

无忧无虑又何求，
不必斤斤计小筹。
明月清风随意取，
青山绿水任遨游。
知足胜似长生药，
克己甘为孺子牛。
得陇何必又望蜀，
神怡梦游漫白头。

寿國光自赋　1996.10.16.

年龄虽老不须愁，
鬓发繁霜韵更优。
如画夕阳无限好，
辛劳甘为孺子牛。
爱国革命兴华夏，
黄埔精神万古留。
壮志报国情未了，
誓将余热献神州

项展骥兄修改诗入画　96.12.1. 于港.

皓月龍梅入画圖，
诗情别有世心窩。
幽香一縷相思寄，
疏影橫斜懷恨多。

1997.11.27.

1997.11.12.—17.以河南会员代表身分参加了黄埔军校第二次会员代表大会。

11.13.上午会议开幕，到大陆及海外港澳台代表约200人，13日上午李瑞環、邹家华、錢其琛、王兆国、何鲁丽等中央同志接见了全体代表并讲了话同时全体摄影留念。代表年龄最大者102岁，最年轻者70岁，以80—90岁者居多，已故徐向前、聂荣臻夫人（黄埔六期）和部分六期女生代表和个别台湾凤山军校同学参加了会议真乃各期老黄埔人的盛大聚会。此次会议的主要精神是：乘“香港的一国两制港人治港高度民主”的顺利实施和十一月份江泽民主席访美胜利成功是促进祖国统一的大好时机，动员两岸黄埔同学发扬“黄埔爱国主义精神”积极做好台湾同学和人民的工作促进祖国早日统一。

这次会议来自四川、北京、湖北、河南、安徽、广东、云南、江苏等地我12期同学共十二人，诚属难得的机会，我们利用会隙，来到的国家并接受北京留苏同学张永林的宴请，照了很多相，欢乐之情难以言表，仅以打油诗一首略述梗概：

重逢　97.11.15.

相别五九载，
重逢何悠悠。
当年英姿爽，
苍桑尽白头。
面面不相识，
谈笑乐无忧。
人生何短暂，
壮志犹未酬。

何少桓赠我诗　97.12.1.于合肥

盛会欣逢到京华，相看泪眼漫咨嗟。
衷肠话语知多少，互道温寒慰晚霞。

放眼神州风景异，
喜看大地放春花。
民富国强军威壮，
献我热血报中华。

回赠　何少根兄　97.12.15.

赠诗回味多亲感，回顾青年梦呓繁。
争取岁月再相聚，秉烛夜游意深长。

胡锡珍学长赠诗　97.12.27.

不到长城非好汉，
七九霜翁[illegible]闹。
烽火台前山河壮，
濛濛燕市映眼前。
八上长城已往了，
争数马年歌新篇。
大庆有情添岁月，
直跨新纪寿愈坚。

云南昆明白太常学长赠诗　98.4.14

历经戎马解甲还，
京城叙旧情意长；
桑沧过后风采在，
高风亮节更青苍。

《黄埔》杂志　79年第五期P25 登载了一篇《为了明天的太阳》—记一批活跃在社会办学百花园中的黄埔生。

其中有一段"拾遗补缺服务社会"记叙了本人办学概况，特抄录如下：

一个国家经济发展中，资金、技术可以引进，但是劳动者的素质是无法引进的。建立社会主义市场经济，教育要改革，不但要培养尖端人才，还需要培养大批普通的技术人材。河南省开封市的中山业余学校，早在80年代初就迈出这一步。黄埔同学沈继周先生创办的这所学校，自1982年成立以来，以多种形式为社会培训了大批人才。他们先开设文、理、工、医、幼师、外语、艺术等学科达77门，先后为开封市机关、学校、部队、工厂、商店、医院、幼儿园等330个单位在职职工进行了业务培训。

他们坚持以“拾遗补缺，服务社会”为办学宗旨，按社会必需办学。80年代以后，为提高工人技术素质，国家要求各企、事业的初、中级技工轮流按期培训，某些大厂如电工、电焊工等人数少，开办耗资大无意开班，开封市许多小厂工种杂、人数少，缺乏师资和校舍，无法组班培训。中山业余学校急人之所急，以较低的学费，专门为这些工厂开设些专业班，为他们解决了技工培训问题，受到上级和有关单位的好评。

“送教上门”是中山业余学校一大特色，也是最受工人欢迎的开班形式。有的工厂位置偏远，工人要到市区本校学习往返很远，十分劳累，有的工厂是三班倒，于是老师们送教上厂，把培训班办到厂里。许多厂家反映经过培训的学员在理论和工艺水平上，均有新技工，有的已成为技术骨干。

中山业余学校办学数年来，始终以质量争信誉。这正是他们在社会办学群起竞争、不少学校生源枯竭的情况下，一直立于不败之地的奥秘所在。

1998.7.5.接到昆明白太常来函，并书赠条幅壹张，他现年八十有二，而书法苍劲有力，洒脱飘逸，功力不浅自愧不如。其诗云："

京城叙旧未能忘，
根系黄埔情意长。
戎马归来人虽老，
高风亮节蔚青苍。

项展骥来诗约和　99.12

登黄鹤楼　1947年2月于武昌

远眺登临黄鹤楼，武昌起义注心头，
江流滚滚英雄逝　孤雁身闲载笔游。

登岳阳楼 1949年2月于岳阳

遨游再上岳阳楼，山色湖光眼底收，
玉砌雕栏依旧在，范公忧乐注心头、

和展翼之诗"登黄鹤楼"99.12.

再登黄鹤楼 99.12.

老叟
古稀重登黄鹤楼，往事历历涌心头。
军阀倭寇随江逝，笑迎人民任遨游。
附85年登楼照片二张

春游耕园之有感 2000.3.21.

黄河滚滚向东流，千秋万载永未收。
而今滩宽河流细，退耕还林议重头。
靠山吃林不可再，节制生育是一筹。
工农生产靠科技，丰衣足食不再愁。

八五壽辰怀旧 2000.6.12.

双沈伴侣剩一沈，孤雁独飞冷凄凄。
阴阳两隔十八载，梦里团圆仍相依。
老翁今年八十五，儿孙绕膝欣幸极。
故人耕耘得硕果，九泉有知亦欢泣。

抄润书兄诗数则 2000.7.1.

寒山寺

河水潺潺绕寺前，小桥行人绿杨烟。
唐人留下名诗句，夜半钟声到客船。

西园

佛堂缕缕散香烟，宏殿幽廊别洞天。
堪笑外人迷信破，叩头磕在佛身前。

虎丘览胜

红树萧萧南岸风，山园平壁野烟中，
锦帆飞过烟江上，叠叠楼台处处红。

拙政园

冠云峰下曲廊长，叠叠楼台各一方。
宝露檀云送馥馥，玫瑰窗外柳风凉。

留园

乱堆怪石石切成山，山迴路转趣偏长。
游人穿过常迷路，纵处灵空处处芳。

姑苏城

我到姑苏见，家家尽枕河。
公园空地少，水巷小桥多。
夜市卖菱藕，篷船载绮罗。
遥知未眠月，乡思在渔歌

悼岳坟

直捣黄龙指顾间，金牌十二诏忻还。
丹心一片栖霞月，犹照神州万里山

龙井茶

茶到舌根满口香，龙井水煮更芬芳。

小孙那鲜品茶味，琥珀杯倾争着尝。

三潭印月

山色湖光照短篷，三潭印月一船通。
最奇湖里中秋月，巧夺人间造化功。

玉泉观鱼

树叶萧萧拂面凉，丝丝小雨如白霜。
千林万卉玉泉景，鱼跃池中亭里香。

白牡丹

不逐繁华现色身，素衣富贵敢骄人。
相看笑我头如雪，对影婆娑当写真。

紫牡丹

百朵争艳胜早霞，含情吐紫一枝斜。
玉京和露仙妃伴，岂是寻常洞口花。

红牡丹

天香岂肯借东风，富贵花开总不同。
绝艳应逢天子享，可怜偏遇白头翁。

绿牡丹

知音方识绮罗香，云鬓巧梳衣素裳。
淡扫蛾眉摇翠影，风前展绿异时妆。

墨牡丹

娇姿摇影舞婆娑，墨影花痕似叠罗。
料想瑶池有此种，人间虽有岂能多。

漓江雪狮山

奇峰耸立漓江头，绿水青山景最幽。
群燕低斜花色艳，孤舟横渡橹声柔。
傍山曲径通狮雪，依水回廊叠小楼。
唯有漓江名胜地，诗人骚客慕争游。

获悉 清涛君息有感

天公不老人已老，壮志英姿夫仍存。
秀峰郁潭攻武备，寿棺之例共榻付。
九江医院斗顽疾，祈缘抗日中华兴。

洛阳聚首顷刻间，劳燕分飞四六载。
重获信息两鬓白，何日得再叙别情
1987年于汴（2001.3.9重抄）

2002年六月十二日是我八十七岁生日，学校送来生日蛋糕与红鸡蛋，小女寄来巧克力，沈致敏送来珍酒与竹叶青酒，沈致敏送来好白纸两盒、沈奎送来饮料椰汁等，山英送来熟菜十五小碟，送鲜花一束。我从不做寿也不收礼，今天算开戒了。特请了书记、校长、工会主席、和教研室主任，两桌人热热闹闹过了个生日。

黄埔老人

黄埔老人中华魂　自己手足还是亲
遵从遗志保祖统
何来台独唱异调
说他不是中国人
千年历史来明证
两岸航停应成真
中华民族是一统

热烈欢庆十六大召开
热庆十六大召开
小平理论奉先行
江泽民三个胜利
全党上下应齐进
奋战五载奔小康
祖国上下齐欢腾

2003.4.20.

第三部　回憶我的父親和母親

長子　沈致行

開封綜藝藝術總監

兒時記憶

我的父親沈繼周，母親沈啟芝，同一個沈姓。父親祖籍江蘇吳縣，母親祖籍河南開封，一南一北。父漢族，母滿族，一漢一滿。父親終生吃米，母親一生食麵。父親喝長江水長大的，母親飲黃河水成長的。父親的語言是複合的，江蘇、湖北、四川混在一起的普通話。母親地道的河南開封話。這反映了他們的生活以及生活成長的地域性。

父親畢業於黃埔軍校，炮科 12 期，母親畢業於河南省會開封女子師範學校。父親出身官僚資本家，母親出身貴族，滿族正藍旗下的大格格。正是門當戶對。

父母的婚姻緣於抗日戰爭初期。1939 年父親奉命駐守河南洛陽，阻止日軍西進，母親帶領學生流亡到洛陽。由我姑母牽線（姑母當時任母親學校校長），兩位沒有任何可能走在一起的人卻結婚了。這便是佛說的“緣”。至此，他們至死都不曾分離，不論在硝煙瀰漫的戰爭年代還是暴風雨般的政治運動，他們始終心心相印走完他們不平凡的一生。

我的父母親都有一個複雜、龐大而富有的家庭背景，他們出生在清末民初，一個既動盪又正在變革的年代。他們又是較早覺醒的，極其愛國又求上進的中國最優秀的知識分子。

他們經歷了孫中山先生的推翻封建王朝的革命；經歷了

先進知識分子領導的新民民主主義革命；經歷了軍閥混戰民不聊生的戰亂年代；經歷並直接參與了八年抗戰；經歷了國共合作共同抗日的最好時光，經歷了抗日戰爭勝利的無比喜悅的時刻，接下來便是國共兩黨的國內戰爭，蔣介石敗退到台灣島，父親在西安和寶雞一線繼續與共軍作戰，死傷慘重。我那年 6 歲，有了片斷的明確的記憶。

父親那時軍銜是國民黨胡宗南屬下少校團長。父親帶兵從西安退至寶雞。我和母親、姐姐坐軍用卡車（十餘輛卡車坐滿了軍官家屬）在一個排兵力掩護下步父親後塵向秦嶺進發而後入川。道路崎嶇艱難，時而有共軍部隊或游擊隊阻擊。車隊停在隱蔽處，樹枝油布掩蓋，婦幼老小趴在車底下，槍聲、手榴彈爆炸聲四起。火滅煙散，車隊繼續前行。路上不時有躺在泥濘中的屍體，車隊緩進繞行，半月之久達秦嶺腳下的大散關。接下來便開始“蜀道難，難於上青天”的行程。

進入秦嶺，道路崎險，卡車倚壁而行，外車輪時常壓著崖沿。車速極慢，忽聽得“轟”地一聲巨響，車隊停下了，停了好一陣，前邊傳話，一輛卡車翻到山崖下啦!

車上大人們都驚恐萬狀，我跑到前邊，看到士兵用繩索把一具具屍體拉上來，碼在路邊，全是婦女和兒童。蓋上綠色軍用帆布，被血染紅的腳露在外面……。

車隊繼續前行，已近山頂，大雨磅礴，士兵把帆布搭起來，母親把我緊緊抱在懷裡。

長大後，母親告訴我，翻越秦嶺用了八天八夜。有三分之一卡車拋錨或墜崖。伍十多位婦女兒童士兵長眠於秦嶺的崇山峻嶺之中。這就是戰爭年代，平民百姓也難免於死難。

再有留存的記憶是入川，到新都，住進一個諾大的地主院。院子裡有許多柚子樹，正值深秋，一天，一位穿大褂帶禮帽的人走進院子。他走近我，才認出是父親。他邊走邊往後看，跟過來一個擔挑賣魚人。父親一生愛吃魚，就是在那兵慌馬亂生死未卜的時刻，他也不忘吃魚。

第二天父親便消失了。母親眼圈紅腫，叫來勤務兵安徽人謝光春。他跟我們多年。她在箱子裡摸出一個小玻璃瓶，因心急打不開瓶塞，便在地上磕，瓶碎了，滾出一個閃亮的圓圓的東西。是金戒指，母親給了謝，謝"咚"的一聲跪在地上。母親放聲大哭。這哭聲預示著一個王朝的覆滅。

1949 年春，父親在四川新都堅守，兵臨城下，無奈遂帶兵起義。

父親在距新都很遠一處軍營集訓，實是洗腦。

母親帶著我和姐姐徒步去探望父親，走過一個又一個村莊，處處都是熱火朝天鬥地主分田地的光景。在一個村頭，圍了許多人，我便跑去看，幾個年輕媳婦裸著上身，雙手被捆著跪在地上，一個壯漢喊一聲："砍了！"刀起頭落地，鮮血噴向空中，人群慌忙四散……。我跑到母親身後嚇得語無倫次。那個年代，一個村長都可以下令殺人的。

多年後我問起母親此事，母親告知那是地主的小老婆們。

父親在門前迎接我們，到處都是帽子上戴著紅五星的解放軍戰士。父親著便裝，乾淨利落。很開朗的樣子，和母親並排坐在草場上很嚴肅地談著話。

臨走時，一個小戰士，趕著輛馬車來到我的身邊，父親抱我到馬車上，姐姐已經自己可以爬上去了。

城裡好恐怖，到處都在抓人、抄家。城隍廟前廣場上豎起高聳入雲的竹竿，竹竿掛著人。因為太高，人顯得很小。廣場上坐滿了黑壓壓的人群，在鬥地主。幾聲震天響的口號之後，繩被砍斷了，人一瞬間落在地上，變成一灘血肉，四川人叫“上老桿”。

美國五十年代著名記者，安娜·路易斯·斯特朗在《斯大林時代》中寫到，一個政權推翻另一個政權要有千萬人死於疆場，也要有千萬人死於和平年代。這就是歷史。

父親是幸運的，他在中國史無前例的解放戰爭中浴火重生。

再次見到他，他已是中國人民解放軍軍官，帥氣十足，養高有素地著綠呢子軍裝，軍帽上鉗著“八一”紅五星。

短暫的平和時期

我們母子三人隨父親進入南充市川北軍區。父親任司令部團參議。胡耀邦任司令員。

母親也穿上了軍裝，只是沒有軍銜，給連排級幹部上文化課，吃的是大灶（當時解放軍部隊用餐有嚴格等級，團以上幹部吃小灶，八菜一湯並提供酒水。營連級吃中灶，四菜一湯。排、班和戰士吃大灶，即大鍋飯）

我和姐姐上軍區子弟學校，吃中灶。父親和司令員們吃小灶。

父親主要給軍官們講軍事課。有時我溜進大教室，地上有諾大的沙盤，周圍站著軍官，父親拿著教鞭指著沙盤，大聲的講著……。

母親自己編寫教材，油印裝訂，時常工作到深夜，即使週末也是如此。而全家唯有她吃大鍋飯。軍區大禮堂台下地上一排擺著六個大鍋，一到開飯時間，兩個炊事兵抬著一隻鐵桶往大鍋裡倒熬菜，啥時間走近禮堂都會聞到那股蘿蔔小白菜味道。所以每到週末父親總是請母親吃飯。軍用吉普車送我們進城，總是在一家臨江的飯店，菜餚豐盛而美味。飯後在街上散步，父親母親並肩走著，細語著，時時還有笑聲。不時地有學童向父親敬禮："解放軍叔叔好！"我和姐姐隨其身感到無比的驕傲。

這一段回憶是我孩提時代最美好的時刻。即使到今天古稀之年，父母的細語及笑聲仍歷歷在目。

子弟學校距軍區大院很遠，週六我們早早吃完飯，洗了澡在學校大門口等著接我們回軍區。父親、母親總會在大院門口接我和姐姐。我們下了車，飛跑過去，撲向父母的懷抱，那一刻也是久久不能忘懷的。

那時軍隊是供給制，父親、母親會有不多的津貼，我和姐姐吃穿住行全是部隊管，我們也穿軍裝，帶軍帽，連襪子、鞋墊都發。

週末，大禮堂總會有晚會，父母會令我和姐姐去看演出，多半是京劇和歌舞。我雖然不太懂得，但總是異常興奮，回去還在大人面前模仿。

子弟學校新年也辦自己的晚會，還把家長請到學校，我有生來第一次登上舞台便是在四川南充子弟學校。節目是表演唱，唱的是抗美援朝。一組小學生邊唱邊表演；嘿！啦啦啦啦，嘿！啦啦啦。天空正在笑呀，地上開紅花呀，打敗了美國兵呀，我們拍手笑哈哈呀，帝國主義害了怕呀。

母親跑到台上把我抱起來，在口袋裡塞了許多的糖。

父親經歷了十五年之久的戰爭，先是和日本人作戰，父親親臨山西中條山對日作戰，還有信陽大會戰等無數戰役。1945 年日本投降，接著便是國共兩黨發生的稱之為解放戰爭的戰爭。父親九死一生，母親帶著兩個幼子顛沛流離，飽嘗和父親的分離之苦，也是死裡逃生。生死攸關時刻，父親依然沒有飛往台灣，保全了一個家。換來了這個久久渴望的和平年代。

試想：父母親並肩，在燦爛的陽光照耀下，走在沿江的小街上，一雙穿著小軍裝的兒女在身後雀躍著，若此時按下快門，就是那個時間的真實寫照，幸福，溫暖，團圓。

此時又有一件喜事降臨了，母親給我生了個妹妹，取名小琍。軍官們、首長們紛紛登門賀喜，一包紅糖，幾隻雞蛋，這個家幸福指數達到最高點。

最忙最累的是父親，他上課、參加軍事會議、領導野外戰地演習，還要照顧母親。母親生下妹妹沒有奶水，父親要在凌晨出軍營到很遠的農家取羊奶。在這無限地繁忙中父親仍是滿面紅光，神采奕奕。

一九五二年，朝鮮戰爭結束，部隊裁軍，父親轉業，回到了母親的家鄉河南開封。他們同時被分配到了學校教書。

父親在中學教物理，母親在幹部文化學校教語文。我和姐姐分別在家附近的小學讀書。

請了一位保姆李大大，30 多歲，家在黃河北岸，早年喪夫便外出打工。是她料理著我們全家生活，吃苦耐勞，幹活勤快。父母和全院同輩人稱她馬嫂，我們叫她李大大，如同家人。

母親本來就是教書人，她很快進入角色，並受到廣泛好評，曾送到北京師範大學進修漢語拼音，在全市推廣普通話。

他們二位全身心地投入到教育事業中去了。週日也很少休息，母親在備課，父親在學校實驗室。平時我們很少見到他們，只有吃飯時大家一桌。有家規，吃飯不許說話。飯食很簡單，但營養還好，每天都有小販送來豆芽、豆腐、青菜，一週兩次有肉。還真是粗茶淡飯，其樂融融。

院子裡的鄰居大都做工，孩子很多，時常斷糧。見我母親在家便進房門，站在門框邊，依著門叫聲“大姑”便去搽眼淚。母親二話沒說，便去打開牆角上的皮箱，拿出錢抽出一張十元的遞給我稱呼“嬸子”的女人。嬸子便笑了，“謝大姑啦！”那時的面粉 4 塊錢一袋。這個場景我見過太多次了，提筆便寫了出來。母親從不問啥時還錢。從四川軍區到母親故鄉開封的這段日子仍然是充滿陽光的、和諧的、健康的。

我和姐姐都在父親教學的中學讀書。姐姐的學習、體育運動十分突出，在學校是學霸式人物。我對藝術的喜愛是從那個年代萌生的，每次新年晚會必有我的相聲。一次父母親都來看我說相聲，完了還雙雙走到後台表示祝賀。他們好像非常開心，看我穿著拖著地的大褂，手裡拿把摺扇，拖著京腔，煞有介事的樣子。他們樂不可支的形象永遠印在我的記憶裡。

這時我家又有了一件喜事，母親又給我們生了一個小妹妹，取名小明。姨媽、舅舅、學校老師、街坊鄰居都來祝賀。母親似乎並不十分開心，他是想要一個男孩的。

從此，每天清晨，我家窗台上都放著一瓶雪白的牛奶。

災難降臨

1957 年，我在父親教書的中學讀初中一年級，擔任少先隊中隊長，把全班的文體活動搞得是風生水起。課外活動我常把父親的自行車拖到操場，飛快地騎著，之後雙手撒把，吹著竹笛，紅領巾在胸前飄蕩。操場上運動著的同學們都停下來，對我拍手叫好。

那就是我，一個朝氣蓬勃的英俊少年。

一夜之間，一切都改變了。

在父親理化教研室，他坐位的窗戶貼著對聯，字是寫在廢報紙上，大意是，上聯：國民黨反動軍官炮打延安，下聯：沈繼周脫去偽裝猖狂反黨，橫批：極右分子。

我嚇壞了，才十四歲的我對這種事情是絲毫不懂：怎麼了？右派？右派是什麼？

學校的牆壁上到處都貼滿了大字報，我熟悉的無比尊重的老師的名字都出現在大字報上，並都冠以右派的帽子。各教研室都在開批判會，同學們擠在門縫間往裡看，我也擠進去，一位老師點著父親的名字咆哮著，在坐的人群情激昂呼喊口號，打倒右派分子沈繼周！父親靜坐著，低著頭，很麻木的樣子。

我的淚水禁不住地流，擦了又流……是為父親擔憂？是恐懼？是驚嚇？

家裡突然間陰雲密佈，飯桌上只有姐姐、我和保姆。幾天來均是如此。

父親的課停了，看見他在通向禮堂的林蔭道上掃地，還有多位我熟悉的老師。教地理的周老師，教數學的王老師……。我簡直不敢相信堂堂正正的父親，學生愛戴的老師怎麼突然間不能上講台而去掃地了。

卻不知，更大的災難即將來臨。

中午放學回家，走到大南門的橋上，看到一隊灰溜溜的人群，那是被關押起來的右派分子，排著長長的隊伍從城裡走向城外，靜悄悄地只聽到踏踏的鞋拖地的聲音。此時，我看見一個熟悉的身影。雖然他帶著大口罩，雖然他低著頭，那個人就是父親，我無比尊重無比仰慕的奉為楷模的父親。

父親被劃為“右派”，開除公職，發配到西華農場勞動改造。

我靠在橋的欄杆上，全身麻木，腳沉重的無法挪動，目送著那長長地無聲的灰色人群。我知道，我失去了最愛的父親。

我快活的、陽光的、充滿自信的少年生活從那一天結束了。那是 1957 年，深秋的正午。

我非常替姐姐慶幸。那時她已離開了父親教書的學校，她沒有看到父親被批鬥的場面，沒有看到他在學生面前掃地，沒有看見父親夾在灰色的人群裡走向無涯的苦難。我慶幸兩個妹妹此時還年幼無知，沒有感覺到陰影的籠罩。從此家裡沒有了笑聲，同學、鄰居用異樣的眼光看著我。我是右派的兒子。即使到此時，我也不知道右派是什麼？父親為什麼是右派分子？

我那時已開始寫日記了，記得有這樣的文字：“我從高高的雲端落在了地上，不！是冰凌上，我必須爬起來，走我人生的路。我的頭髮怕很快會全白的，沒有人替我承受著苦苦的思索……”。那時我才十五歲。

母親變得很木納，本來寡言的她更是無語。她在全身心地工作，好像是在替父親贖罪。

一天晚上，母親把姐姐和我叫到她房間。她顯得異常平靜，很嚴肅地告訴我們，組織上要求母親徹底與父親劃清界線，最好是脫離關係。她沒有用“離婚”兩個字，但是我們都聽懂了，頓時放聲大哭。母親說：別哭，我想聽聽你們的意見，我和姐姐在淒泣聲中同時說“不！”母親仍然平靜的說：“好，不！”。

時常能收到父親寄來的明信片，下款是：西華縣“五·一”勞改農場。父親在信裡從未有一句抱怨，一句哀愁，總說很好，每次都提到我，讓我聽母親的話，幫做家務，擔當更多責任。

姊妹四人，保姆，母親，六個人的吃喝穿戴全落在母親一個人肩頭。她和父親一樣從未有一句抱怨，只有默默地承受著。

一天很晚了，母親還在改作業。我剛學會吹簫便說：“媽，歇會吧！我吹支歌給你聽”。她放下筆，靜靜地坐著。我吹了支《蘇五牧羊》，她很釋然的樣子：“兒子長大了，會安慰媽了”。她突然話一轉問我想爸嗎？我說“想！”。

那年暑假，母親讓我代她去看望父親。

那是 1958 年夏，災荒已在河南全省瀰漫。我從未吃飽過，總是感覺餓。莫言在領諾貝爾文學獎做演說時說：我兒時所有的記憶只有一個字 —— “餓”。我是完全認同的。母親讓我帶了花卷饃、糖果、香煙、紙和筆。一早送我到南關，給了一個裝滿煤正要啟程的卡車司機兩包煙，我便爬上卡車坐在了煤堆上。卡車在炎熱的陽光下向南緩緩行駛，正午達太康。司機說不走了，我便按他指示的方向向西南方徒步而行，距父親所在地西華還有近百里。

我時而走大路，時而走小路，時而走在阡陌之中。大片田地荒蕪，河水乾枯。太陽已偏西，突然陰雲密佈，雷聲滾滾，大滴的雨水落下。我把包抱在懷裡，在小路上無目的地狂奔。

突然看見前面地裡有一個窩棚，便飛奔而去，進得窩棚，一少年從草繩綳床上跳起，“你可嚇死我了。”我們同歲很快便無隔閡，在雨聲中大聲地交流著。他說不斷的有城裡人往西華探親，我知道的。

雨停了，這時我才看到周圍是一片半枯萎的茄子地，我們摘了半筐子未成熟的茄子走進村莊，諾大的莊子沒見一個人影，也沒有一聲狗叫。少年說都出去逃荒要飯了，我娘腿不好，我伴她留下。走進黑乎乎的屋子，一大娘迎上來，並未吃驚，只是說去西華的吧。茄子在地鍋裡煮熟了，大娘挖到一個瓦盆裡，撒些鹽，用手攪和幾下便盛到碗裡，每人一碗。此時，我打開包，拿出一個花卷饃遞給大娘，她頓時眼放光芒，雙手捧著：“多少天沒見過饃了！”我睡在嘎嘎作響的板床上，雨過清涼，一覺睡到天亮。

走進西華五一勞動農場已是午後，沒有大門，只有兩個木樁，亦無圍牆，更無警衛。

我走進大門邊一間房子，兩個中年男人接待了我，問我的由來並填了一張表，讓我打開背包。我全部擺在桌上，一人說：咦！還有糖煙，好東西。便不再理我，兩人扯閒話，天已黃昏，我見父親心切。就說：“天都黑啦，咋還不讓我見我爸？”一人說：“咋說話的？到這啦，還橫？”“誰橫了？我要見我爸！”“小兔崽子！還說沒橫？”“你才是小兔崽子！”那人上前猛踹我一腳，我仰面倒地。這時一個人走過來把我扶起來，忙從包中拿出兩包煙，每人一包：“孩子還小，不懂事。”原來是父親。父親領我進入一個半地下的窩棚，簡陋，潮濕，悶熱。原先想好的見面熱烈、興奮的場面，被那一腳踹得無影無蹤。

父親臉上仍然掛著微笑，穿著大褲衩子和白背心，愈發顯得枯瘦人柴。他用手撫摸著我的臉，又趕忙把早準備好的花生、甜食拿出來。他看我一臉的汗，又出去把窩棚後邊的油布掀開，涼風吹了進來，爽多了。

父親問，我答，問得最多的是母親的情況。掛在柱子上的油燈在微風中搖曳，說話中我便睡著了。

回家，我帶給母親一封很長的信。

母親當即拆開讀了兩遍：你爸誇你吶。一個十五的孩子，一個人走這麼遠的路，還在人家村里睡了一夜，說你長大了。

看來，我們兩個人都沒提“踹一腳的事”。

一年後父親回家了，一家人再次團聚，沒有歡歌笑語，只有悲喜的淚水。父親到一家民辦中學 —— 黃河中學任教。很多年後，我看了一個材料。西華五一農場，1957 年底建立，三年時間共約 900 多位來自全省的"右派"分子在此地勞動改造。他們大都是大學教授、著名醫生、學者、高級知識分子。1959 年末，不到 600 人從這裡撤走。我是說，有三分之一的 300 多位高級知識分子埋葬在黃河故道，這個遠離故土的地方。他們都是中國的棟樑之材，其中有多位是從西方國家毅然返回報效祖國的專家。

父親非常樂觀地說：我的結局是最好的，合家團聚，沒少一人。很多年以後，一直到他去世，他從未談及西華的事。全家就我一個去過西華，我是知道一些的。因是親眼所見，深有體會。至今我也從未談及西華的事。和父親好像有一種默契，哀痛埋在心裡。

世界上的事總是曲折起伏的。父親回來了，一家團圓了，我們長大了，母親卻病倒了。她端一盆垃圾去倒，因過重，猛然間坐在地下，從此再也沒有站起來。

父親除教學，全部的精力和時間都用來照顧母親，他親自給母親洗澡、更衣、打水、喂飯。我每次回父親那裡都看見他扶著母親一步步地向前移動。迫使她鍛鍊，希望母親仍能站起來行走。

在父親悉心照料下，母親漸漸好起來。扶著凳子自己可以挪動幾步，我們都非常高興懷著希望。

一天晚飯後，她要求坐在室外的草地上，便扶她坐到藤椅上。她很安詳地坐著，晚輩們在離她較遠的地方說笑。黃昏了，風涼了，她撐著扶手自己站起來，坐久了，腳不穩，猛然間側倒在地，腦大面積出血，次日晚母親永別了我們。享年 66 歲。父親很長一段時間不能自制，沉浸在失去妻子的悲痛中。他每天晚上給母親寫信，訴說他的思念之情，訴說著他們相依為命半個世紀的歷史，訴說著因他的原因給母親造成的壓抑和傷痛，訴說著……

晚　春

1988 年，父親的“右派”問題徹底平反，回到公立學校任教。家人奔走相告傳達這一喜訊。父親卻無所謂的樣子，他說：我給自己早就平反了。是的，他依然是儀表堂堂，神采奕奕，腰桿筆直，抬頭挺胸。黃埔生涯使他一生都明顯地具有一種軍人的風度和威嚴。

他像一座火山，壓抑愈久爆發愈烈。他日夜拼命工作著。他參加了“民革” — 中國國民黨革命委員會。他創建了開封中山業校並任校長。他被選派為市政協委員，他被推舉為中國河南黃埔同學會會長赴北京參加全國黃埔同學會會議。他為祖國統一在不同場合演講，報告。深夜他還在寫信給台灣的同仁，下級，好友，訴諸祖國統一。

八十歲高齡，不顧子女的再三規勸，三上黃山。返回後他風趣地告訴我：兩個抬轎的跟我走了三里山路，說了無數勸我上轎的話，結果白說了，我自己一步一個腳印的走上了頂峰。

此時他翻出工作證，從證件中取出一個字條遞給我，上面寫道“若中途死亡，就地火化，費用請聯繫兒子沈致行，電話，地址。”一個對死亡的態度能看透他的一生是怎樣渡過的。

2005 年 9 月 28 日，父親與世長辭，享年 88 歲。他平靜，安詳，有尊嚴地走了。次年深秋與母親合葬在開封公墓。

第四部　沈繼周年表

趙軍整理、編制

千葉商科大學教授 歷史學博士

沈繼周年表

“國內外重要事件”主要參考圖書:唐培吉主編《中國歷史大事年表 現代》上海辭書出版社，1997 年。家近亮子編《增補版 中國近現代政治史年表 — 1800~2003 年》(日本)晃洋書房 2004 年等。

年代	年齡	事項	國內外重要事件
1916(民國 5)年 6 月 12 日(舊曆五月十二日)午時	誕生	出生於湖北武昌都府堤曹坊巷。原名沈光祖，乳名“喜寶”，兄弟姐妹中排行第十。父親沈俊卿，字雲駒，原籍江蘇省吳縣木瀆鎮。(本人親筆填寫的《中國國民黨革命委員會入黨申請表》上填寫的出生年月為“1916.7.”)	3 月，袁世凱宣布取消帝制。6 月，袁在北京病死，黎元洪接任大總統。
1917(民國 6)年	1 歲		7 月，張勛復闢帝制，旋即失敗。9 月，孫中山在廣州就任軍政府大元帥。10 月，“護法戰爭”開始。
1918(民國 7)年	2 歲	2 月 25 日，二姐沈葆秀因難產去世。	3 月，段祺瑞再任國務總理。8 月，“安福國會”在北京開幕。12 月，李大釗、陳獨秀在北京創辦《每週評論》。

1919 (民國 8)年	3 歲	大哥沈光輝由父母包辦成婚。	5 月，“五・四運動”爆發，波及全國。10 月，孫中山改中華革命黨為中國國民黨，發表《孫文學說》與《建國方略》第一卷。
1920 (民國 9)年	4 歲	入湖北第一小學幼稚園。	6 月，北京政府加入國際聯盟。7 月，“安直戰爭”以直隸軍閥的勝利而告終。8 月，各地成立共產主義小組。
1921 (民國 10)年	5 歲	四姐沈葆英，考入武昌第一女子師範就讀。	5 月，廣東成立護法政府。7 月，中國共產黨召開第一次全國代表大會，宣告成立。12 月，孫中山在桂林成立北伐大本營。
1922 (民國 11)年	6 歲	入湖北第一小學就讀。	1 月，香港海員大罷工。4 月，第一次“奉直戰爭”爆發。7 月，中共召開第二次全國代表大會。
1923 (民國 12)年	7 歲	大約從此時起，還進入私塾習四書五經。	1 月，孫中山發表《中國國民黨宣言》。2 月，京漢鐵路總工會發動罷工，吳佩孚鎮壓勞工(“二・七慘案”)。
1924 (民國 13)年	8 歲	大約從此時起，進入省立模範小學學習。大哥沈光輝，投奔廣州黃埔軍校在惲代英屬下任職。	1 月，中國國民黨第一次全國代表大會，國(民黨)共(產黨)實現第一次合作。6 月，黃埔軍校正式開學。7 月，廣州開辦農民運動講習所。9 月，第二次“奉直戰爭”爆發，國民黨發表《北伐宣言》。11 月，孫中山發表《北上宣言》，經日本神戶前往北京(12 月抵北京)。11 月，北京成立以段祺瑞為臨時執政的中華民國臨時政府。

1925 (民國 14)年	9 歲	父親病故，大哥成為一家之長。父親去世後僅月餘大哥亦病故。	1 月，中共舉行第四次全國代表大會。2 月，國民黨軍開始第一次東征(討伐陳炯明)。3 月，孫中山在北京病逝。5 月，第二次全國勞動大會在廣州召開，成立中華全國總工會。同月，上海發生“五卅慘案”。8 月，廣州國民政府軍事委員會決定編制國民革命軍。11 月，國民黨右派在北京碧雲寺召開西山會議。
1926 (民國 15)年	10 歲	因家境中落而失學，時常在街頭流浪。曾與張發奎部“鐵軍”士兵相熟。	1 月，國民黨召開 2 全大會，確認堅持“連蘇、容共、扶助農工”的三大政策。3 月，中央軍事政治學校成立。同月，“中山艦事件”發生。6 月，蔣介石就任國民革命軍總司令。7 月，國民政府發表《北伐宣言》，當月，北伐軍佔領長沙。
1927 (民國 16)年	11 歲	1 月，四姐沈葆英與惲代英成婚。二哥沈光祖隨惲代英進入中央軍事政治學校(武漢軍校)任秘書。寧漢分裂後，又隨惲代英輾轉到南昌參加“八・一南昌起義”。起義失敗後隨軍向南轉移途中病故。	1 月，武漢政府成立，蔣介石反對遷都武漢。同月，漢口、九江發生要求收回英租界的雲中運動。2 月、湖南農民運動走向激進，毛澤東發表《湖南農民運動考察報告》。同月，中華全國總工會在漢口召集擴大執行委員會。3 月，國民黨在漢口舉行二屆三中全會，撤銷蔣介石職務。4 月，蔣介石在上海發動反共政變(“四・一二政變”)，武漢國民黨中央宣布開除蔣介石黨籍。

			同月，李大釗在北京被奉系軍閥殺害。7 月，中共中央舉行臨時政治局會議，決定停止國共合作，汪精衛在武漢舉行“分共會議”。8 月，周恩來等在南昌舉行武裝起義;中共中央在漢口召開“八・七緊急會議”，決定實施土地革命和武裝起義。蔣介石宣布“下野”，武漢政府與南京“合流”。9 月，毛澤東發動秋收起義，失敗後率餘部於 10 月進入井岡山。
1928 (民國 17)年	12 歲	經人介紹到一家私人醫院(院長姓郝，有兩位大夫)當學徒，一個多月後正式上崗，任司藥。工作將近一年後自動離去。	1 月，蔣介石重新擔任國民革命軍總司令。4 月，國民革命軍重開北伐，6 月佔領北京，宣布北伐成功。12 月，張學良宣布東北“易幟”，南京國民政府完成全國統一。
1929 (民國 18)年	13 歲	曾在附近軍醫院任編外護士，後在五姐經濟援助下考入漢口八小六年級。	3 月，“蔣桂戰爭”爆發。6 月，日本正式承認國民政府。7 月，國民政府宣布同蘇俄斷交。
1930 (民國 19)年	14 歲	漢口八小畢業後，以第二名的優異成績考入名牌學校湖北省立第一中學(校長廖西屏，教導主任張xx)。	12 月，蔣介石對中共蘇區發動第一次圍剿。
1931 (民國 20)年	15 歲	在校期間，被選為湖北一中初中部參加“抗日救國學生總會”代表。又與同寢室的陳輝林、廖昇等商量成立“五育促進會(德、智、體、群、美)”，被推為會長，成員達十餘人。又因學校伙食質量不好故，以初中代表身	5 月，蔣介石在南京主持國民會議，通過《中華民國訓政時期約法》。當月，汪精衛等反蔣派在廣州組建國民政府，宣布討伐南京。9 月，日本關東軍在柳條湖挑起“九・一八事變”。當月，南京學生發

		份(另有一高中代表彭xx)同校長交涉，爭取伙食自辦，被同學們選為伙食委員會副委員長。期末時獲校長評語:“學習優良，少年老成”。	起要求國民政府抗日的請願活動。10月，全國各地爆發反日遊行。11月，中華蘇維埃共和國臨時政府宣布在瑞金成立。同月，蔣介石第二次“下野”。
1932 (民國 21)年	16 歲	夏，畢業於湖北一中初中部，因從經濟原因考慮，報考了湖南長沙省立工專的機械科，獲錄取(本人親筆填寫的《中國國民黨革命委員會入黨申請表》上填寫的學科為“紡織科”，證明人為“周盛唐”)。一年級課程較多。	1 月，日軍在上海登陸，“一•二八事變”爆發。3月，偽滿洲國在“新京”(長春)成立。4 月，李頓調查團著手調查(10 月公佈調查報告)。12 月，國民政府與蘇俄恢復邦交。
1933 (民國 22)年	17 歲	在湖南長沙省立工專學習。專心於學業，與外界少接觸。	2 月，日軍發動“熱河作戰”。2 月，國聯宣布不承認“滿洲國”。5 月，國民政府軍事委員會委員長南昌行營設立。6 月，國民政府公佈以 18~45 歲男子為對象的《兵役法》。7 月，國民黨召集中央政治會議(廬山會議)，顯示消極抗日姿態，蔣介石同時決定對中共發動第五次圍剿。
1934 (民國 23)年	18 歲	繼續在湖南長沙省立工專學習。專心於學業，與外界少接觸。	2 月，蔣介石發動提倡“禮、義、廉、恥”的“新生活運動”。3 月，“滿洲國”宣布實行帝制，年號康德。10 月，中共紅一方面軍開始“長征”。11 月，國民黨召開四屆五中全會，蔣介石發表“安內攘外”政策。
1935 (民國 24)年	19 歲	夏，從湖南長沙省立工專機械科畢業。憤於國將不國之	1 月，中共在長征途中召開政治局擴大會議(“遵

		局勢，與熱血青年數人 7 月裡偕往南京報考中央陸軍軍官學校(黃埔軍校)十二期，參加南京分區考試和南京集中複試。初試、複試前後共五場，延時近兩個月，大部分應試生落選，沈繼周獲錄取，開始各類文理課程學習。後分配到砲兵科，開始學習砲兵小教程。	義會議”)，毛澤東獲得黨內領導權。6 月，“何(應欽)梅(津)協定”成立。10 月，中共紅一方面軍結束“長征”，到達陝北。11 月，國民黨五全大會在南京召開，再次確認“安內攘外”政策。同月，偽“冀東防共自治委員會”成立。12 月，北平學生的抗日愛國遊行(“一二•九運動”)被政府動用軍隊鎮壓。同月，偽“冀察政務委員會”在北平正式成立。
1936 (民國 25)年	20 歲	在黃埔軍校學習。12 月 12 日“張、楊事變(西安事變)”發生，軍校生全部編入建制。蔣介石返回南京時，全校學生列軍校大門前迎接。12 月入伍結束升為“軍校學生”，遷入校部炮標學習。	5 月，國民政府頒布《中華民國憲法草案》(《五•五憲法草案》)。11 月，傅作義部進攻日軍(“綏遠事件”)。12 月 12 日，張學良、楊虎城發動“西安事變”，以“兵諫”形式催促蔣介石抗戰。
1937 (民國 26)年	21 歲	在黃埔軍校學習。“上海事變”後日軍開始大規模轟炸南京，軍校所在地直接受到威脅，十二期學生轉移至江西九江廬山海會寺，砲兵隊駐秀峰寺繼續學習。年底，軍校本部遷往武昌。 三姐沈振，因難產去世。六姐沈葆珍受日軍搜查驚嚇而死。	3 月，國民黨派遣“中央視察團”前往延安。7 月 7 日，“盧溝橋事變”爆發，中日進入全面戰爭狀態。8 月 13 日，日軍進犯上海。11 月，國民政府宣布遷都重慶，財政、外交、內政各部及衛生署遷往武漢。12 月，日軍攻佔南京(“南京大屠殺”)。
1938 (民國 27)年	22 歲	元月，十二期學生在武漢舉行畢業典禮，提前畢業分發到部隊參戰。砲兵隊大部學生以少尉待遇分發到湖南零陵炮兵學校尉官班第三期學	2 月，國民政府軍事委員會政治部成立(部長：陳誠)。3 月，國民黨在漢口召開臨時全國代表大會，通過《抗戰建國綱領》，

		習。6 月，蘇聯支援火炮到達，被分配到砲兵二十團第二營任觀測員，負責帶領觀測班軍士十二人。兩個月後接到五姐電報，告知母親病危。趕回湖北新堤後母親已經辭世。返回部隊後，升任第四連中尉排長。8 月，得到開拔命令赴前線抗日。首先進駐河南洛陽邙山以北，稍事休整後又至河南孟津對新兵、新炮進行實彈訓練。三個月後，武漢外圍戰展開，砲兵第二營奉命至河南明港鎮，與日軍飛機周旋。緊接著又向息縣進發，進入前線後參加戰鬥，以炮火支援步兵，並以炮火攻擊後立即轉移的戰法躲避日軍的優勢炮火還擊。然而兩日後即奉命撤退，經明港、鄭州至西安。在西安時遇到黃埔十二期同學苗青圃(跟隨駐紮前線中條山第二戰區副長官部參謀長兼第九軍軍長郭寄嶠來西安參加軍事會議)，經苗介紹面見郭寄嶠，表示願意重返抗日第一線。郭表示歡迎，並希望再找幾位黃埔同學一起來，於是出於上前線殺敵的願望離開原部隊，與同學陳教盛同至中條山第九軍，任軍部上尉參謀。	成立國民參政會。5 月，毛澤東在延安發表《論持久戰》演說。6 月，蔣介石在武漢召集最高軍事會議。同月，開封、九江、太湖淪陷。7 月、國民政府在漢口召集一屆一次國民參政會。11 月、長沙大火，中國根據蔣介石密令實行焦土抗戰。同月，日軍封鎖長江。
1939 (民國 28)年	23 歲	春，衛立煌調升為第一戰區司令長官，郭寄嶠軍長調升為長官部參謀長仍兼第九軍軍長。第九軍由乙種軍提升為甲種軍，司令部移駐洛陽	1 月，國民黨召開五屆五中全會，成立國防最高委員會。同月，中共中央成立南方局。2 月，日軍封鎖珠江。3 月，日軍佔領

		後，開始擴軍工作。黃埔十二期炮科同學均晉升為少校參謀，沈繼周代理第四科中校科長，負責人事。這一時期在第九軍供職的黃埔十二期學生不下二十余人(俞少彪、王守愚、莊壽岳、李欽民、李萬貴、石和麟、郝柏村、張國英、于豪章等)。	南昌和南沙群島。5 月，汪精衛經河內至上海，旋赴日本。同月，日本封鎖中國大陸海域。9 月，日軍進攻長沙。10 月，日軍在南京設立“中國派遣軍總司令部”。
1940 (民國 29)年	24 歲	春，由郭寄嶠先生派赴陸軍大學西安參謀班學習 6 個月，主要學習戰史和大兵團作戰指揮與參謀業務。秋后，郭寄嶠把第九軍軍長職務移交給原副軍長兼四十七師師長裴昌會，軍司令部原班人馬同時移交，但沈繼周同苗青圃、王惠涼、孫謙則調到長官部參謀長辦公室，仍在郭身邊服務。其後，主動要求到長官部特務團任團副，郭批示“可”(團長王書明，少將)。數月後與沈啟芝女士結婚，郭寄嶠欣然應允做證婚人，假長官部大禮堂舉行婚禮。婚後仍與葆俊姊一起居住。其間，日軍飛機常來轟炸。	1 月，毛澤東發表《新民主主義論》。同月，汪精衛、梁鴻志、王克敏等在青島商組“中華民國國民政府”。3 月，汪精衛在南京宣布成立“中央政府”。8 月，八路軍在華北發動“百團大戰”。11 月，日軍向華北各根據地進攻。
1941 (民國 30)年	25 歲	春，以二十五歲年輕軍官身份代理團長數月(團長為王書明)。其後兼任新兵組成的團屬迫擊炮連連長。其間為學習實際帶兵經驗，主動要求降為特務團第三營少校營長。其間一直駐守洛陽，春夏之交，日軍一度企圖從平漢路西側進擊洛陽，懷孕中的妻子沈啟芝和葆俊姊前往	1 月，中央儲備銀行成立。3 月，日本在華北開展“第一次治安強化運動”。10 月，日軍佔領鄭州。12 月，太平洋戰爭爆發，國民政府對日、德、意宣戰。同月，日軍佔領香港。

		河南盧氏避難。12 月 25 日，長女玲玲出世。	
1942 (民國 31)年	26 歲	年初，衛立煌奉調西安軍委會辦公廳主任，特務團亦隨調西安，駐學院門。因部隊初駐鬧市，加強士兵行為管理。當年春夏之交，衛立煌調任軍事委員會委員，郭參謀長隨調，遺缺交給胡宗南，特務團亦隨其他機關一同交給胡，但不被胡重用。胡將該團人事大幅度調整，唯見第三營與衛、郭並無親緣關係且治軍有方，隨升任沈繼周為中校營長(胡宗南所部黃埔十二期同學中第一個晉升中校軍銜者)，從此被認為是胡係人物。	1 月，在華盛頓發表《聯合國共同宣言》，蔣介石就任中國戰區陸空聯軍總司令。3 月，國民政府公佈《修正國民參政會組織條例》、《國家總動員法》和《戰時消費稅條例》等。5 月，日軍向冀中區發動全面進攻。10 月，英美宣布放棄在中國的治外法權。12 月，國民政府公佈物價統制法。
1943(民國 32)年	27 歲	初夏，李則堯(黃埔六期)接替侯聲來任團長，治兵實行任人唯親路線。全團奉調武功渭河河心灘實行軍墾。全營精心墾植，沈繼周且常至附近武功農學院教授處求教，莊稼長勢很好。奈收割前夕被調動至他處，由另一部隊收割。 8 月下旬，妻子沈啟芝在西安醫院生下長男聰聰，一個月後接回駐地休息。 冬，所在團改名秦嶺中部守備團，鎮守安和、柞水兩縣，防止日軍進入秦嶺，威脅西安後背。此後在此駐防三年有餘。這年，曾幫助當地一老嫗寫訴狀並代為呈遞，申雪了其兒媳婦被×鄉長霸佔的冤情。	3 月，蔣介石出版《中國之命運》。同月，日本首相東條英機訪問南京。4 月，華北剿共委員會成立;7 月，國民政府軍進攻陝甘寧邊區。11 月，蔣介石出席開羅會議;12 月，中、英、美三國同時發表《開羅宣言》。

1944 (民國 33)年	28 歲	繼續駐防安和、柞水兩縣。嚴格軍紀，加強訓練，並注意讓士兵有事可做(文化學習、集體勞動、練體操、做遊戲、講故事、唱京劇、種菜、養豬、上山砍柴等等)。本年春，為確保地方治安，不給日寇可乘之機，命八、九、機槍連出面干預當時鎮安和柞水兩縣民眾為爭地界問題引起的械鬥，和平解決，並獲軍委會“傳令嘉獎令”。兩縣士紳亦均深表感謝，赴鎮安答謝期間還曾為當地師生作一講演:《現代武器與戰爭》。柞水鎮長也送來禮物和“恩威並濟”牌匾一塊及“細柳風高”銀盾一塊。本年中，所部在柞水鎮與某團就擅拿民物並抓了民眾壯丁的事件發生對峙，後經交談順利解決，追回壯丁。	1 月，沈鈞儒等舉行憲政座談會。6 月，張瀾等成立民主憲政促進會。7 月，雲南大學、中法大學、西南聯大等三千名學生舉行時事座談會，要求實行政治改革。同月，駐華美軍總司令部派遣視察團前往延安。10 月，駐華美軍總司令史迪威被撤換，魏德邁接任。11 月，汪精衛在日本病死。12 月，國民政府在昆明創建中國陸軍總司令部。
1945 (民國 34)年	29 歲	繼續駐防安和、柞水兩縣。曾建議在當地養蠶、燒炭、蓄水灌溉等，未獲實施。唯在當地一所廟宇中成功開辦職業學校，沈繼周自己承擔“物理”、“化學”課程，義務任教。抗戰勝利後的年底，守備區撤銷，部隊奉調出山。臨行前建一草木結構小木樓，送給學校使用。秋后，曾為群眾滅火。初冬，部隊奉命出山到陝西鄠縣整訓，與當地群眾依依告別。	4 月，毛澤東在中共七大上發表《論聯合政府》。5 月，國民黨六全大會決定工業建設綱領、土地政策綱領。8 月 6 日和 9 日，美國原子彈轟炸廣島、長崎。8 日，蘇聯對日宣戰。15 日，日本宣布無條件投降;同日，蔣介石向全世界發表“以德報怨”演說。28 日，蔣介石、毛澤東在重慶舉行和平會議。10 月，《國共雙方代表會談紀要》(“雙十協定”)公佈。同月，外蒙古舉行國

			民投票後宣布脫離中國獨立。12月，杜魯門發表對華政策聲明，美國總統特使馬歇爾訪華。
1946 (民國35)年	30歲	1946年初出山。此時部隊縮編，秦嶺中部守備團編歸整編36師，調任84團副團長(團長為黃埔六期的袁致中)，離開帶領了六年的部隊。84團為機動部隊，轉戰隴東、晉南、陝北等地，跟八路軍作戰，未打過一次硬仗。將原住在西安的家眷送回開封(賢人巷)，依托五姐和岳母等照料。	1月，國民政府宣布支持蒙古人民共和國獨立。同月10日，國共兩黨停戰協定成立，政治協商會議在重慶召開。3月，國軍佔領鞍山、長春、哈爾濱。5月，國民政府還都南京。6月，國軍進攻中原解放區，全面內戰爆發。8月，國軍空軍轟炸延安。10月，國軍佔領張家口。11月，國民黨在南京召開國民大會，中共和民盟代表抵制出席。12月，國民大會通過《中華民國憲法》。
1947 (民國36)年	31歲	3月，所屬團奉命從山西大寧以西渡過黃河，向延安方面挺進，參加胡宗南進攻延安的行列。因八路軍主動撤退，僅佔領延安空城。所屬31旅旅長李紀雲率領92團進攻青化砭，被解放軍全殲。4、5月間欲脫離戰場，佯稱請病假已獲師長(王晉)批准，僅帶傳令兵一人(吳傳文)乘飛機離開延安，在西安停留數日後與家眷在開封團聚。此後又因生活所迫返回西安求職。得同在31旅工作過的同學劉顯廷的推薦，任西安第二軍官訓練班第二大隊第一中隊中校隊長，從事軍事教育，擔任術科訓練。未久被劉釗銘主任升為第二	1月，杜魯門總統命令馬歇爾大使回國。2月，台灣發生"2‧28事件"。3月4日，中共創設人民解放軍。19日，國軍佔領延安。4月，國軍重點進攻山東解放區。同月，蔣介石在南京宣布改組國民政府。5月，國民政府頒布《社會秩序維持臨時辦法》，宣布嚴禁10人以上的遊行和罷工。同月，南京發生"5‧20慘案"，"反飢餓、反內戰、反迫害學生運動"波及各城市。6月，東北民主聯軍發起四平街戰役。7月，蔣介石制定《國家總動員案》，國民政府公佈《動

		大隊中校副大隊長，代理大隊長。將家眷接到西安同住。	員戡亂完成憲政實施綱要》。10月，中國人民解放軍總司令部發表“打倒蔣介石，解放全中國!”的口號。11月，人民解放軍佔領石家庄。12月，華北剿匪總司令部成立(總司令:傅作義)。
1948 (民國 37)年	32 歲	3 月，解放軍攻克洛陽後，西安也受到威脅。是年秋，軍訓班奉命後遷，率學員徒步行軍越材棺嶺、秦嶺，經雙十鋪、廟台子、褒城到陜西勉縣，駐飛機場。行前將家眷送到漢中居住。	1 月，“民革”在香港宣布成立。2 月，人民解放軍佔領沈陽，上海物價暴漲。3 月，杜魯門發表對華政策。4 月，解放軍佔領延安。5 月，解放軍進攻山海關、錦州;國民政府公佈《戒嚴法》。6 月，解放軍佔領開封。9 月，東北人民解放軍發動遼瀋戰役。10月，解放軍佔領鄭州。11 月，中原人民解放軍發動淮海戰役。12月，東北解放軍和華北解放軍發動平津戰役。
1949 (民國 38)年	33 歲	1949 年春，劉釗銘調任某軍副軍長兼 215 師師長，沈繼周調任 643 團上校團長，赴漢中就任。部隊駐守金堂，家眷仍住新都。1949 年 12月，解放軍夾擊成都，胡宗南以及軍校教育長萬耀煌等逃離成都，沈繼周與師長劉釗銘辭行後變裝回到家眷所在的新都，簽名參加軍校起義通電。參加起義的軍校教職員共一萬多人，起義後編入十八集團軍隨營學校學習。未久，改為解放軍西南軍政大學川西分校，體驗到	1 月，蔣介石任命陳誠為台灣省政府主席，將中央銀行現金從上海轉送台灣。同月，人民解放軍佔領天津，蔣介石宣布下野，李宗仁代理總統。31日北平和平解放，平津戰役結束。3月，中共中央、人民解放軍總部遷往北平。4 月，中華民國政府和平代表團張治中、邵力子等到達北平。同月，毛澤東、朱德發佈向全國進軍的命令，人民解放軍渡過長江，佔領南京，國民

		解放軍的練兵、教兵方式之不同。半年後、編入團級幹部隊學習。家眷參加婦女隊學習勞動，自費另租民宅生活。未久，經過“說老實話”運動，獲“西南軍大川西分校畢業證書”，攜家眷赴南充，任川北軍區司令部**參議**(政委為胡耀邦)，仍按照起義時級別享受正團級待遇。其間開辦了中級指揮幹部培訓班，分擔砲兵戰術與技術課程教學，編寫《砲兵戰術與技術概要》小冊子。亦與胡耀邦、李文清(司令員)等中共幹部有較多交流。	政府宣布遷都廣州。同月，人民解放軍佔領太原。5 月，守備大同的國軍投降，解放軍佔領山西全省。20 日，解放軍佔領西安;27 日，國軍從上海撤退;28 日上海人民政府成立(市長：陳毅)。6 月，解放軍佔領山東全省。7 月，解放軍佔領浙江省。8 月，美國國務院發表《中國白皮書》。9 月，中國人民政治協商會議在北平召開，選舉毛澤東為中華人民共和國中央人民政府主席。10 月 1 日，中華人民共和國在北京成立。11 月，國民政府宣布從重慶遷都成都。12 月，國民政府又宣布遷都台北，蔣介石離開成都前往台北。同月，毛澤東出訪莫斯科。
1950 年	34 歲	享受軍事共產主義生活。妻子沈啟芝分配到婦女學校任文化教員(教員戰士待遇，吃大灶)，子女(玲玲，聰聰)送子弟學校上學(戰士待遇，但因身體發育時期，吃中灶)，所需物品一概供給。	1 月，英國承認中華人民共和國，同台灣國府斷交。4 月，《中華人民共和國婚姻法》頒布。7 月，麥克阿瑟訪問台灣，同蔣介石會談。10 月，中國人民志願軍赴朝參戰。同月，人民解放軍開始進駐西藏。
1951 年	35 歲	是年冬，在軍區開展的“三反運動”中目睹後勤部長隔離反省狀況，很感震驚。主動坦白發言，並交出金首飾和金條等在舊社會貪污的實物。運動結束後首飾全部發還，金條則按當時市價(1 兩	1 月，人民志願軍和朝鮮人民軍進攻漢城。2 月，中共中央發佈《關於沒收戰犯、漢奸、官僚資本家及反革命分子的財產的指示》。同月，公佈《中華人民共和國反革命懲治條

		=50 元)折合人民幣退還。冬，二女莉莉在軍區保育院出世。據學者考證，這一年的"鎮壓反革命"運動，各地都出現不按法律程序辦事，"鎮反"擴大化的問題。如"貴州省在國民黨統治時期 81 個縣的縣長，在人民解放軍解放貴州時，有的起義，有的投誠，有的被捕後釋放，個別的還給他們安排了工作，大多數人已經作了處理。可是，在鎮壓反革命運動一片喊殺聲中，被全部殺掉"。(尹曙生:《毛澤東與第三次全國公安會議》，《炎黃春秋》2015 年第 3 期，5 頁。)	例》。5 月，《人民日報》發表毛澤東批判電影《武訓傳》的文章，全國掀起批判運動。11 月，中共中央發佈《關於在學校進行思想改造和組織清理工作的指示》，其後，思想改造運動擴大到教育界和整個知識分子階層。12 月，中共中央發表反對貪污鬥爭的指示，"三反運動"開始。
1952 年	36 歲	1952 年抗美援朝取得決定性勝利，解放軍進行縮編轉業，沈繼周由於江蘇原籍已無親人，而妻子沈啟芝在開封還有家人，五姐沈葆俊也在開封定居，於是選擇轉業河南省開封市，由轉委會安排到南關袁家樓私立愛國中學工作，成為該校由上級派來的第一個公職人員，並擔任"三反思想教育運動"全校教職員的學習組長。(本人親筆填寫的《中國國民黨革命委員會入黨申請表》上填寫內容為"1952~1958，任開封市第四中學物理教員;證明人:何曉光"。)8 月，私立愛國中學由市教育局接收，改為公立開封市開封中學，調來何曉光任副校長。沈繼	1 月，中共中央發佈開展"五反"鬥爭的指示。8 月，共青團一屆三中全會在北京開幕，胡耀邦等 9 人被選為中央書記處書記。10 月，國民黨七全大會在台北召開，蔣介石連任國民黨總裁。

		周協助何擴建校舍、籌建共青團組織、外出參加黨務會議等。10月，又調來張絢為教導主任，遂形成何、張、沈三人組成的“領導核心”。由於內部意見常不一致，沈主動要求到教研組任物理教員，擺脫“領導工作”。此間雖遭人譏諷，仍熱心教學，並重修了高等數學、高等物理學、理論力學、材料力學、晶體管基礎、原子物理學和高中物理教學叢書等，教學效果良好，不出問題。	
1953年	37歲	在開封中學教授一年初中物理。	1月，中共中央發佈《關於反對官僚主義、命令主義和違法亂紀的指示》，“新三反運動”在各地展開。2月，中共中央通過《關於農業生產合作互助社的決議》，初級農業生產合作社開始在全國各地誕生。6月，中央政治局擴大會議在北京召開，毛澤東闡明關於“過渡時期總路線”的任務和內容，提出以10年到15年的時間基本實現國家的工業化和農業的社會主義改造的目標。
1954年	38歲	在開封中學又教授高中物理，此後直至1983年退休，在中學教了三十年物理。學生中僅後來見過面者中任高級教師、教授、高級工程師、主任醫師、系主任、中學校長、院長等已達數十人。1	2月，中共中央七屆四中全會在北京召開，高崗、饒漱石的“反黨分裂”活動受到批判。8月、人民解放軍總司令朱德發佈解放台灣聲明，9月，解放軍開始炮轟金門、馬祖。9

		月，三女明明問世。	月、中華人民共和國第一屆全國人民代表大會在北京召開，通過中華人民共和國憲法，選舉毛澤東為國家主席，周恩來為國務院總理，劉少奇為全國人大常務委員長。
1955 年	39 歲	繼續在開封中學任教。	1 月，中共中央宣傳部提交《關於開展批判胡風思想的報告》，掀起全國範圍內批判胡風的政治運動。2 月，美國第七艦隊在台灣海峽集結。3 月，蔣介石與杜勒斯在台北會談。5 月，批判梁漱溟的運動展開。7 月，中共中央發表《關於展開鬥爭肅清暗藏的反革命分子的指示》。同月，全國人大一屆二次會議在北京通過第一個五年計劃，決定實施兵役法。9 月，毛澤東作《關於農業合作化問題》的報告，指示加快農業合作化的步伐。10 月，新疆維吾爾自治區成立。
1956 年	40 歲	繼續在開封中學任教。	1 月，第六次最高國務會議在北京召開，討論公私合營問題。同月，國務院發表漢字簡化方案和推廣普通話的指示。4 月，毛澤東在中央政治局擴大會議上作《論十大關係》講話，提出藝術問題上“百花齊放”，學術問題上“百家爭鳴”的方針。12 月，《人民日報》發表《再論無產階級專政的歷史經

			驗》，開展鐵托批判。
1957 年	41 歲	在“反右派”鬥爭中被劃為“一般右派”，妻子沈啟芝時任幹校工會主席，女黨員培養對象，被逼迫與沈繼周離婚並劃清界線，均予以拒絕，但因此失去了各種“上進機會”。	1 月，毛澤東在最高國務會議第十一屆擴大會議上作《關於正確處理人民內部矛盾的問題》講話。3 月，全國宣傳工作會議在北京召開，毛澤東強調開展整風運動的同時，繼續執行“百花齊放、百家爭鳴”的方針。4 月 27 日，中共中央發佈《關於整風運動的指示》，決定在全黨開展以反對官僚主義、宗派主義和主觀主義為內容的整風運動，號召黨外人士“鳴放”，鼓勵群眾提出自己的想法、意見，也可以給共產黨和政府提意見，幫助共產黨整風。5 月 15 日，毛澤東在中共黨內公開《事情正在起變化》一文，批評一部分人已經變成修正主義的右派分子。6 月 8 日，中共中央發出組織力量反擊右派分子進攻的黨內指示，《人民日報》同日發表社論《這是為什麼?》，群眾性反右派鬥爭在全國範圍展開，據估計全國有 40~70 萬知識分子失去職位，並下放到農村或者工廠中“勞動改造”。7 月 5 日，《人民日報》發表馬寅初的“新人口論”，建議國家控制人口增長，被目為“右派分子的進攻”。8 月，中共召開八屆三中全

			會，鄧小平作關於整風運動的報告，毛澤東批判1956年的“反冒進”，會議通過《全國農業發展綱要(修正草案)》。11月，毛澤東在莫斯科召開的世界共產黨和工人黨代表會議上發表“東風壓倒西風”的講演，提出美帝國主義是“紙老虎”的論斷。
1958年	42歲	處理“右派”問題時，結合所謂“反動團長的歷史”一併處理，被開除公職勞動教養。5月，被分發到河南省西華縣五一農場林樓中隊勞動教養。該中隊共接收“右派分子”約二百餘人，高、中、低級知識分子全有。每人每月僅發“工資”十一元。另據同樣被“下放”到河南省商城縣的“右派”顧準留下的一份“顧準名單”和商城縣委整風辦公室1959年4月編纂的《右派分子匯集》所列，“全縣公職人員2659人，劃為右派者456人，所佔比例為17.1%。而6名‘畏罪自殺’者連在冊的資格都沒有。”(李素立、王曉林:《顧準＜商城日記＞的背後》，《炎黃春秋》2015年第3期，57頁。)	1月，毛澤東在南寧工作會上起草《工作方法六十條(草案)》，再批“反冒進”，強調“不斷革命”，黨內迅速出現左傾化風潮。同月，全國人大常務委員會第九十一次會議通過的《中華人民共和國戶口登記條例》以中華人民共和國主席令公佈實施，戶口管理結束自由遷徙期，以法律形式區分“城市戶口”和“農村戶口”，同時限制城市間人口流動。5月，中共八大二次會議在北京召開，制定“鼓足幹勁，力爭上游，多快好省地建設社會主義”的總路線。8月上旬，毛澤東視察河北、河南、山東農村，讚揚河南新鄉七里營農民的創造，認為“還是辦人民公社好”。同月中旬，中共中央政治局在北戴河舉行擴大會議，提出1958年鋼的產量要比1957年增加一

			倍，達到 1070 萬噸，並決定在農村普遍建立人民公社。11 月，毛澤東在鄭州工作會議(第一次鄭州會議)上承認人民公社化多少有些混亂，但堅持總路線的方針。
1959 年	43 歲	因農場地處黃泛區，生活極為艱苦，幾乎每日均處於飢餓狀態，一些“右派分子”便被餓死在這塊土地上。秋后，各地掀起“大躍進”熱潮，大搞浮誇風。是時由於勞動繁重，病倒虛脫，幸承一位唐河縣的“右派”醫生輸液搶救，免於一死。病後由於體弱，被安排研製沼氣照明做飯，經過多次實驗成功。又被調到技術組生產土製切片機(切割白薯片用)，還曾參加剝麻皮等勞動，導致創口感染，三分之一的腳面壞死，留下終生疤痕。據推測，“河南省，1958-1960 年共死亡 325.9 萬人，其中 1960 年死亡 193.8 萬人，粗略估計非正常死亡約 150 萬人，主要發生在 1960 年，達 135 萬人。……綜合上述信息，可以確定大飢荒期間河南省非正常死亡 150 萬人只可能是低估，而絕不可能是高估。”(洪振快:《地方誌中的大飢荒死亡數字》，《炎黃春秋》2015 年第 3 期，22 頁。)	7-8 月，中共中央政治局擴大會議和八屆二中全會(“廬山會議”)在江西廬山召開，彭德懷、黃克誠的“反黨罪行”和“資產階級軍事路線”受到批判。9 月，赫魯曉夫訪華，中蘇意見分歧日趨激烈。同月，發現大慶油田。12 月，中共中央宣傳部召開全國文化工作會議，要求警惕修正主義、資產階級思想對文學、藝術領域的影響。

1960年	44歲	上級派來調查組，沈繼周向其透露農場和“勞教人員”情況。一個多月後，“勞教”管理幹部有人員調動，生活環境略有改善。	3月，馬寅初被解除北京大學校長職務。4月，《紅旗》雜誌刊登《列寧主義萬歲》，批判現代修正主義，中蘇論戰激化。7月，中共中央召開北戴河工作會議，周恩來提出“調整、鞏固、充實、提高”八字方針。同月、蘇聯從中國撤退1390名專家，終止數百項援助協定。9月，《毛澤東選集》第四卷出版。
1961年	45歲	在農場等來“右派甄別”，被宣布屬於“勞教定期半年”性質，三年的折磨死去活來終於快到盡頭。但遣返回城市卻因經濟困難時期城市接納手續繁雜，困難重重。	3月，中共中央在廣州召開工作會議，在毛澤東指導下制定《農村人民公社工作條例(草案)》(《農業六十條》)。6月，中共中央公佈《商業四十條》和《手工業三十五條》，在農村地區開放集市貿易。
1962年	46歲	春，經妻子沈啟芝多方周旋，終於拿到准入開封戶口證明。中隊政治指導員並未做出“政治結論”，只以“沒事了，回去找原單位安排工作”打發。但返回開封後，原單位“四中”卻以“河南打的右派太多，一下子平反沒法安排”為理由，人為地以1958年6月為界限，此後的右派基本平反，此前的右派“暫緩平反”等，於是依舊沒有被安排工作。其間，承同院住戶建築郭隊長好意，曾看守建築工地兩個月。又承原開封四中劃過右派黃勉中老師介紹到	1月，中共中央召開擴大工作會議(七千人大會)，劉少奇總結1958年以來的社會主義建設，毛澤東發表講話，就大躍進的失敗作自我批評。2月，中共中央決定1962年上半年削減城市人口700萬，下半年削減600萬，並規定沒有城市戶口者遣返農村。4月27日，中共中央發佈《關於加速進行黨員、幹部甄別工作的通知》，對在反右傾、整風整社等運動中批判和處分完全錯了和基本錯了的黨員、幹部，“應當採取簡

		民辦育民中學一個學期，以維持生活。後育民、聯合、黃河三所民辦中學合併為黃河中學，高中、初中共十四個班，成為公辦中學。但是所有教職工仍舊按照“民辦”待遇。沈繼周仍舊擔任初中和高中部物理，每週排課最多達 24 課時，等於一人當兩人用。雖然學生幾乎都是其他初中、高中的落榜生，但沈繼周自己動手製作教具，教學效果較好，學生升學率達 90%，受到上級表揚。	便的辦法，認真地、迅速地加以甄別平反”。同月，中共中央批准中宣部制定的《關於當前文學藝術工作若干問題的意見(草案)》(簡稱“文藝八條”)，重提“百花齊放、百家爭鳴”的方針。6月，彭德懷向毛澤東提交八萬字的長篇意見書。9月，中共八屆十中全會在北京舉行，毛澤東作關於階級、形勢、矛盾和黨內團結的講話，提出階級斗爭必須年年講、月月講、天天講，再次批判“單幹風”、“翻案風”、“黑暗風”，並發出“千萬不要忘記階級斗爭”的號召。10-11 月，中國和印度在邊境地區發生武裝衝突。
1963 年	47 歲	繼續在黃河中學（後改名開封第二十一中學）任教。 長女玲玲出嫁，長男聰聰分配到聯合中學任教，家境略有改善。	2 月，中共中央在北京召開工作會議，要求在城市開展“五反”運動，在農村開展“社會主義教育運動”。同月，中共中央機關和各民主黨派中央機關給陳明樞、張紡等 100 餘人摘掉“右派”帽子。3月、全國掀起“學習雷鋒”運動。6 月，中共中央復信蘇共中央，提出“關於國際共產主義運動總路線”的建議，此後又陸續發表九份《評蘇共中央的公開信》(“九評”)，中蘇關係走向惡化。

1964 年	48 歲	繼續在黃河中學（後改名開封第二十一中學）任教。	2 月，全國各地開展“工業學大慶”，“農業學大寨”，“全國學人民解放軍”運動。同月，中央國家機關 7700 多名幹部下放到農村和廠礦“勞動鍛鍊”。5 月《毛主席語錄》出版。6 月，毛澤東在文藝界整風報告上批示，文藝界各協會和它們所掌握的刊物的大多數，15 年來基本上不執行黨的政策，“最近幾年竟然跌到了修正主義的邊緣”。7 月，《毛澤東選集》甲種本和乙種本在全國各地發行。同月，《人民日報》點名批判楊獻珍的“合二為一”論，並發表戚本禹評李秀成自述的文章，掀起李秀成評價問題爭論。10 月，中國在西部地區試爆第一顆原子彈成功。
1965 年	49 歲	繼續在黃河中學（後改名開封第二十一中學）任教。	1-10 月，中國空軍連續在東南、華南等地領空擊落美軍高空偵察機和戰鬥機多架。5 月，中國在西部地區試爆第二顆原子彈成功。同月，《人民日報》批判電影《林家舖子》。7 月，原國民政府代總統李宗仁攜妻子郭德潔返回大陸。11 月《文匯報》發表姚文元批判京劇《海瑞罷官》的文章，公開點名批判北京市副市長、明史專家吳晗，成為“文化大革命”的導火索。12 月，林

			彪在毛澤東主持的中共中央政治局擴大會議上攻擊羅瑞卿"反對突出政治"、"篡軍反黨"，羅於是被罷官。12月，戚本禹又在《紅旗》雜誌發表文章批判翦伯贊的歷史觀點。
1966年	50歲	6月，"文化大革命"開始，所在中學校長王璞被打成"走資派(走資本主義道路當權派)"，老教師都被打成"牛鬼蛇神"，被關在一間教室裡接受"造反派"學生的審查。未久，老師之間又發生內部鬥爭。外語教師張自禮以"造反派"頭頭身份當上校"革委會(革命委員會)"主任，掌握學校大權，某次選舉時稱沈繼周是"右派"，沒有選舉權云云。而校黨支部辦公室主任潘世奇身為"保守派"頭頭則善用兩面派手法，犧牲他人，保全自己。在潘的策劃下給沈繼周再次戴上"右派"帽子，打成"反林彪的現行反革命分子"。	2月《人民日報》發表文章批判田漢的歷史劇《謝瑤環》。同月，《人民日報》又發表長篇通訊《縣委書記的榜樣 — 焦裕祿》，發起"學習焦裕祿"活動。3月，河北省邢台地區發生6.7級強烈地震，34萬人受災。4月，北京報刊批判《兵臨城下》等電影。5月，中共中央政治局擴大會議上，彭真、羅瑞卿、陸定一、楊尚昆的"反黨錯誤"受到批判，並被撤銷職務。5月7日，毛澤東給林彪寫信，希望"各行各業都要辦成亦工亦農，亦文亦武的革命化大學校"("五・七指示")。5月16日，中共中央政治局擴大會議通過由毛澤東主持起草的《中國共產黨中央委員會通知》（"五一六通知"）。5月25日，北京大學聶元梓等人張貼攻擊北大黨委的報告，被毛澤東譽為"全國第一張馬列主義的大字報"。7月，清華附中"紅衛兵"

			寫信給毛澤東，宣稱“造反有理”，毛澤東表示支持。8 月，中共舉行八屆十一中全會，毛澤東發表《炮打司令部 — 我的一張大字報》，會議通過《關於無產階級文化大革命的決定》（“十六條”），“文化大革命”由此在全國全面展開。8~11 月，毛澤東連續七次在天安門廣場接見紅衛兵及串聯師生 1100 餘萬人。8 月，北京紅衛兵走上街頭“破四舊”，同月，著名作家老舍遭迫害在北京逝世。12 月 19 日，清華大學在天安門廣場召開“徹底打倒以劉少奇、鄧小平為代表的資產階級反動路線誓師大會”。12 月 17 日，彭德懷被紅衛兵從成都綁架回北京監押批鬥。
1967 年	51 歲	學生和青年教師到處串聯離校，“牛鬼蛇神”們覺得光拿工資不幹活於心不安，於是與校工郭振海在校內幹木工活兒，修理桌凳等。 秋天，毛澤東號召“復課鬧革命”，但來校上課的學生寥寥。68 屆畢業生“上山下鄉”後，學校安靜下來，經教師吳志斌倡議創辦校辦工廠，沈繼周積極協助，擔任技術指導。先是生產肥皂，繼而成功開展電鍍加工，未及半年盈利達萬元。	1 月，上海造反派掀起“一月風暴”，成立“上海市革命委員會”。同月，北京造反派舉辦 10 萬人大會，揪斗劉少奇、鄧小平、李富春、陳毅、李先念、譚震林、葉劍英、徐向前、聶榮臻等。3 月，中共中央號召全國廠礦企業職工“抓革命，促生產”。7 月 18 日，《人民日報》發表社論:《打倒修正主義教育路線的總後台》，全面否定文革前十七年的教育工作。7 月 22

			日，江青對河南群眾組織代表講話，以“文攻武衛”的口號煽動武鬥。8月，謝富治發表講話，提出要“砸爛公檢法”。10月，中共中央、國務院、中央軍委、中央文革發出《關於大、中、小學校復課鬧革命的通知》。
1968年	52歲	自學電鍍學和整流器相關知識，自製矽整流器，推動校辦工廠生意日益興隆。其他拋光機、電鍍夾具等亦親手完成。	1月，河南省革命委員會成立。8月，中共中央、國務院、中央軍委、中央文革發出《關於派工人宣傳隊進駐大、中、小學校的通知》。10月，《人民日報》報道柳河五・七幹校的經驗，此後，各地相繼辦起“五・七幹校”。12月，《人民日報》傳達毛澤東指示：“知識青年到農村去，接受貧下中農的再教育，很有必要”。從此，全國掀起知識青年“上山下鄉”運動。至1975年12月，共有2200萬知識青年下鄉。
1969年	53歲	成為校辦工廠的“名人”，開封市各中學紛紛來參觀取經，並幫助十四中、五中、十五中成立校辦工廠。當時完全按照“無私奉獻，樂於助人”的精神幫助他人和兄弟中學。	1月1日，《人民日報》等發表社論:《用毛澤東思想統帥一切》，傳達毛澤東指示:“清理階級隊伍，一是要抓緊，二是要注意政策”。1月29日，中共中央、中央文革批轉毛澤東批發的駐清華大學工人、解放軍毛澤東思想宣傳隊《關於堅決貫徹執行對知識分子“再教育”、“給出路”的政策

			的報告》。3 月，中、蘇兩國軍隊在珍寶島發生流血衝突。4 月，中國共產黨第九次全國代表大會召開，黨章總綱中確定了林彪“接班人”的地位。11 月，國家主席劉少奇在河南開封受殘酷迫害致死。
1970 年	54 歲	繼續在開封第二十一中學經辦校辦工廠。	2 月，中共中央決定在全國開展“一打三反”運動。3 月，解放軍著名指揮員徐海東受迫害在河南開封逝世。6 月，中共中央批准《北京大學、清華大學關於招生(試點)的請示報告》，決定“實行群眾推薦、領導批准和學校復審相結合的辦法”招收“工農兵學員”，並確定“工農兵學員”的任務是“上大學、管大學、用毛澤東思想改造大學”。8~9 月，中共九屆二中全會在江西廬山舉行(廬山會議)，林彪在會上提出“天才論”和設國家主席等問題。毛澤東寫出《我的一點意見》，批判陳伯達。11 月，中共黨內開展“批陳整風”運動。
1971 年	55 歲	繼續在開封第二十一中學經辦校辦工廠。	7 月，美國總統國家安全事務助理基辛格秘密訪華，美國宣布尼克松總統將於 1972 年 5 月以前訪華。9 月 13 日，發生所謂林彪“叛逃”的“九・一三事件”。

1972 年	56 歲	校辦工廠得到幾名回城知識青年來當工人。修改、設計充電機，手把手教育年輕工人。雖“整天忙忙碌碌，可精神狀態較好，再沒有人向我搞政治鬥爭”。	2 月，美國總統尼克松訪華，雙方在上海發表《聯合公報》。4 月 24 日，《人民日報》發表社論:《懲前毖後，治病救人》，強調要相信 90%以上的幹部是好的和比較好的。9 月，日本首相田中角榮訪華，中日邦交正常化。12 月，毛澤東發表指示:“深挖洞，廣積糧，不稱霸”。
1973 年	57 歲	校辦工廠又分來十幾名回城知識青年來當工人，成為 49 名員工的小而全的工廠。其間設計與指導生產了三相變壓器示教器、充電機、光磁機、交直流兩用低壓電源、恆溫箱、點焊機、熱壓機、電解製氧機、超聲警報器、超聲油水混合機等等，經濟效益大增。沈繼周聲譽日高，被省儀器站聘請擔任教學儀器鑑定工作。河南省教育廳副廳長某氏兩次來校辦工廠參觀後在開封市一次教師工作會議上說:“……開封某個中學的一個‘右派’，在技術設計與指導生產上為校辦工廠做出突出貢獻，說明‘右派’同樣能為社會主義做出成績……”。總算得到一句有保留的表揚。9 月，明明和趙軍進入鄭州大學歷史系學習。	3 月，中共中央決定恢復鄧小平黨的組織生活和國務院副總理的職務。7 月，遼寧考生張鐵生在大學考試上交白卷，並寫信反對文化考試，被譽為“反潮流精神”的文章。8 月，中共中央批准中央專案組的《關於林彪反黨集團反革命罪行的審查報告》。9 月，孫科在台灣病故。12 月，中共中央決定鄧小平為中央政治局委員、中央軍委成員，參與黨中央和軍委的領導工作。
1974 年	58 歲	所在中學“造反派”頭頭張志禮為個人名譽地位，試圖利用校辦工廠創造的積累，搞學校的“三自給”，未久	1 月“批林批孔”運動開始。9 月，中共中央為賀龍平反，恢復名譽。10 月，中共中央公開毛澤東

		(不到一年時間)便捉襟見肘，被迫放棄"自給"。	指示:"無產階級文化大革命，已經八年。現在以安定為好，全黨全軍要團結"。11月，原國務院副總理兼國防部長彭德懷因受迫害去世。12月，毛澤東提議被打倒賦閒在家的鄧小平擔任第一副總理、軍委副主席和總參謀長。
1975年	59歲	繼續在開封第二十一中學任教。	3月，張春橋在全軍各大單位政治部主任會議上講話，提出"經驗主義"是當前的主要危險。4月4日，遼寧省委宣傳部幹事張志新因為劉少奇鳴不平和反對林彪、江青等人的陰謀活動，在被長期關押後慘遭殺害。4月5日，蔣介石在台北病故。7月，鄧小平在中央讀書班講話中提出以"三項指示(要學習理論，反修防修;要安定團結;要把國民經濟搞上去)"為綱，要發展國民經濟。8月，毛澤東評論古典小說《水滸傳》，"好就好在投降，做反面教材，使人民都知道投降派"，報刊上掀起一場"評《水滸》運動"。11月，中共中央在北京召開"打招呼"會議，"反擊右傾翻案風"逐步擴大到全國。12月，司法機關對在押的原國民黨縣團以上軍政軍特人員一律寬大釋放。

1976年	60歲	繼續在開封第二十一中學任教。 7月，明明和趙軍從鄭州大學歷史系畢業。	1月8日，周恩來因病逝世。2月，《人民日報》發表記者文章，不點名批判鄧小平是“黨內不肯改悔的走資派”。4月，北京上百萬民眾到天安門廣場獻花圈、誦詩詞，悼念周恩來，聲討江青等“四人幫”。4月5日，“天安門事件”發生;4月7日，根據毛澤東的提議，中共中央政治局通過《關於華國鋒同志任中共中央第一副主席、國務院總理的決議》和《關於撤銷鄧小平同志黨內外一切職務的決議》。7月6日，朱德在北京病逝。7月28日，河北省唐山、豐南一代發生7.8級強烈地震，波及京津地區，累積死亡二十餘萬人，重傷十餘萬人。9月9日，毛澤東病逝。10月6日，華國鋒、葉劍英、李先念等對江青等“四人幫”實行“隔離審查”，結束了歷時十年的“文化大革命”。12月5日，中共中央發出通知，凡屬反對“四人幫”的人和案件應給予徹底平反。
1977年	61歲	繼續在開封第二十一中學任教。	2月，《人民日報》等“兩報一刊”發表《學好文件抓住綱》，首次提出“兩個凡是(凡是毛主席作出的決策，我們都堅決維護;凡是毛主席的指示，我們

			都始終不渝地遵循)”方針。5 月，鄧小平同他人談話時表示，“兩個凡是”不符合馬克思主義。7 月，中共中央十屆三中全會在北京舉行，追認華國鋒為中共中央主席、中央軍委主席，通過關於恢復鄧小平職務的決定。8 月，中共召開十一屆全國代表大會。同月，全國高等學校招生工作會議在北京召開，決定恢復大學招生考試。10 月，中共中央批轉中央統戰部《關於愛國民主黨派問題的請示報告》。11 月，中共中央決定從學校撤退“工宣隊(工人毛澤東思想宣傳隊)”。11 月，全國計劃會議在北京舉行，計劃在 2000 年以前全面實現“四個現代化”。同月，《人民日報》發表評論員文章《毛主席的幹部政策必須認真落實》。
1978 年	62 歲	所在地也開始清理文革中的冤假錯案。文革中被戴上的“右派分子”、“現行反革命分子”等帽子一概宣布不再成立，被強制寫下的檢查資料等也一概歸還本人，但並無更多的說明和道歉。，二十多年來的政治迫害、經濟壓力以及對家庭和子女前途的影響，則難以估量。但“政策落實”後，全家人均感到放下強加的政治包袱，	2 月，教育部發佈《全日制十年制中小學教學計劃試行草案》。3 月，全國科技大會在北京舉行。4 月 5 日，中共中央批准中央統戰部和公安部《關於全部摘掉右派分子帽子的請示報告》。4-5 月，全國教育工作會議在北京舉行。6 月，鄧小平在全軍政治工作會議上發表講話，支持正在開展的“真

		家庭經濟情況開始好轉，同時在中學裡被任命為理化生物、教研組長。是時，校辦工廠由於經營失敗，負債累累，誰也不願意經辦，校領導希望沈繼周"名正言順"地擔任廠長，拯救校辦工廠。堅辭不下，遂以半年為期，勉強接受廠長頭銜。	理標準問題"的討論。10月，中共中央組織部召開落實知識分子政策座談會，發出《關於落實黨的知識分子政策的幾點意見》。同月，全國知識青年上山下鄉工作會議在北京舉行，決定調整政策，妥善安排知識青年。11月，全國各地摘掉右派帽子的工作全部完成。12月，中共十一屆三中全會在北京舉行，批判"兩個凡是"的錯誤，廢止"以階級斗爭為綱"的口號，審查了中共歷史上一些重大冤假錯案和毛澤東等領導人的功過問題。
1979年	63歲	1月，被評為開封市第二十一中學校辦工廠"先進工作者"。擔任校辦工廠廠長後，與員工約法四章，嚴格管理，獎懲公正分明，並注意質量，且以身作則。半年後工廠起死回生，產品不愁銷路，生產蒸蒸日上。於是要求退出工廠，專司教學工作。但校方仍然委以工廠顧問頭銜，工廠有問題仍然會來諮詢。"右派"問題改正後終於得到提升工資機會(每月 85 元)，經濟略有寬裕。妻子沈啟芝突患"腦血栓"，幸搶救及時未成癱瘓，但此後行動不盡自如，只好在家休養。《黃埔》雜誌 1979 年第 5 期 25 頁刊載《為了明天的太陽》一文，	1月，中共中央發出《關於地主、富農分子摘帽問題和地富子女成份問題的決定》、決定地、富、反、壞分子(除少數堅持反動立場的除外)一律摘掉"帽子"。2-3月，中國軍隊同越南軍隊在邊界地區發生衝突("對越自衛反擊戰")。8月，中共中央統戰部在北京召開全國統一戰線工作會議。10月，全國各民主黨派全國代表大會分別在北京舉行。11月，鄧小平會見外賓時提出"社會主義市場經濟"的概念。

		介紹活躍在社會辦學領域裡的黃埔生，其中也介紹了沈繼周創辦中山業餘學校的成就。	
1980 年	64 歲	所在的第二十一中學遷往開封市曹門關，新建了實驗樓、儀器室。為解決教學儀器購置問題，除捐獻過去生產樣機外，又請求教育局撥款，發動教師自製 200 餘件。同年在全市教學自製儀器評比會上作了“自力更生自製儀器搞好教學”的發言，得到同行們的讚許，並被評為“自製儀器滿足教學的先進單位”，沈繼周本人被評記二等功，發給個人獎金。是年，開封市統戰部派來李妙彩(女，中共黨員)家訪，送來幾份文件，動員沈繼周參加開封市中國國民黨革命委員會(“民革”)組織。以“我飽受政治上的磨難，一心教書，無意參加黨派活動”回絕。嗣後，李又數次來家動員。	5 月，中共中央、國務院決定在深圳、珠海、汕頭、廈門開辦經濟特區。6 月，中共中央批轉中央統戰部《關於愛國人士中的右派複查問題的請示報告》，聲稱:反右派斗爭確實擴大化了，但對反右派斗爭持全盤否定的態度是錯誤的。8 月，新華社報道著名“右派六教授”:曾昭掄、費孝通、黃藥眠、陶大鏞、錢偉長、吳景超已全部改正。9 月，中共中央發出致全體共產黨員、共青團員公開信，號召一對夫婦只生一個孩子。11 月，最高人民法院特別法庭公審江青、張春橋、姚文元、王洪文等人。12 月，中共中央工作會議在北京召開，鄧小平強調必須堅持四項基本原則，其核心是堅持黨的領導。
1981 年	65 歲	原住在大南門的住房需要翻修，與長子聰聰一家暫遷至第二十一中學後樓兩個大辦公室居住。此時決心為了搞好工作和照顧妻子病體，不再遷回大南門居住。這一年擔任第二十一中學理化生物教研組長，指導校辦工廠(開封市黃河電氣設備廠)技術，開始一生中最忙碌的時	2 月，中宣部、教育部聯合發出通知，要求在全國開展“五講‧四美”為主的文明禮貌活動。5 月，國家計劃生育委員會強調要繼續大力提倡一對夫婦只生於一個孩子的政策。6 月，中國十一屆六中全會在北京舉行，通過《關於建國以來黨的若干歷史問

		期。開封市統戰部李妙彩又通過第二十一中學黨支部書記鄒賢典出面動員沈繼周加入“民革”，並反復說明當今政策和形勢，希望為社會主義事業做出個人犧牲。9月，在開封加入中國國民黨革命委員會(“民革”)，入黨介紹人為禹奠華、薛學曾。介紹人意見一欄寫道:“沈繼周同志解放前中央軍校砲兵科畢業，曾任上校團長，49年在成都起義，轉建到開封從事教育工作至今。沈繼周同志是起義人員，屬中上層，在教育事業及對台工作方面能起一定作用。他自願申請加入民革，特作介紹”。入黨申請書寫於同年7月30日。 家務雖僱了一個小保姆，但妻子的沈啟芝的日常生活也主要由沈繼周照料。同年工資經眾議提升為中教三級(90多元)，當時物價穩定，經濟還算寬裕。以往的“政治、經濟壓力全釋”，成為寫下人生“光輝的一頁”的時期。	題的決議》。9月10日，中國國民黨革命委員會第五屆中央常務委員會第十一次會議推選王崑崙為民革中央代主席。10月，北京、武漢等地紀念辛亥革命70週年。
1982年	66歲	9月，被評為開封市第二十一中學校辦工廠“先進教育工作者”。12月20日，妻子沈啟芝下樓曬太陽時不慎摔倒，立刻送第二人民醫院搶救無效，翌日因“腦溢血”逝世，享年66歲。12月26日由開封市第四中學主持召開追悼會。為愛妻寫	1月28日，中共中央、國務院批轉公安部《關於釋放和安置原國民黨縣團以下黨政軍特人員的方案》。1月30日，中共中央發出《關於檢查一次知識分子工作的通知》，要求進一步清楚對知識分子的偏見，做到政治上一視

		下悼詞和傳記，以達後代知曉。	同仁，工作上放手使用，生活上關心照顧。2 月，中共中央轉發《全國統戰工作會議紀要》，提出只要階級還沒有最後消滅，就要堅持黨(共產黨)與非黨人士的合作。7 月，中國首批碩士學位授予工作結束，8562 人獲得碩士學位。同月 24 日，《人民日報》發表《廖承志致蔣經國先生信》，建議舉行國共兩黨談判，完成兩岸統一。
1983 年	67 歲	以"一刀切"方式辦了退休手續，但學校仍不讓就此下崗，繼續扶植理化生物教研組並擔任校辦工廠顧問。與此同時，"民革"亦希望參與辦學，遂參與其中，此後，"由顧問而副校長而校長"義務辦學凡十年。	2 月，中共中央成立"五講四美三熱愛活動委員會"，在全國開展"五講四美三熱愛"活動。4 月，中國邊防部隊對越南的武裝挑釁活動進行還擊。11 月，中宣部在北京召開部分理論工作者座談會，認為理論工作者要在"清除精神污染"中發揮積極作用。12 月，中國國民黨革命委員會第六次全國代表大會在北京舉行。
1984 年	68 歲	7 月，被省民革評為先進教育工作者，並參加"教師暑期學習參觀團"到泰山、孔廟、濟南、青島等地參觀。10 月，由於自製教具，建立理化實驗室，所製教具評得兩個一等獎，並被開封市教育局記二等功。所在教研組被評為市先進教研組。同月，在河南省民革祖國統一工作委員會上被評為"祖國	2 月，《于右任詩詞集》和《于右任墨跡選》在北京出版。3 月，全國計劃生育工作會議決定，國家幹部、城鎮居民一對夫妻只能生一個孩子。6 月，國務院批准教育部請示報告，決定先在 22 所全國重點高校試辦研究生院。6 月 16 日，黃埔軍校建校 60 週年紀念會在北京舉

		統一工作積極分子”。是年，撰寫《中原抗戰親歷記》一文凡五千字。	行，會上宣布正式成立黃埔軍校同學會，推選徐向前為會長。11月，中共中央組織部召開在知識分子中發展黨員工作座談會，強調要切實解決知識分子入黨難的問題。
1985年	69歲	5月，被開封市統戰部指定為河南省黃埔同學代表參加“中南三省一市武漢黃埔軍校同學會”，會上見到本期同學譚定遠、李欽民，從譚定遠處獲知諸多本期同學如郝柏村、張國英、于豪章、周士輔、王守愚、李萬貴等人近況，甚為振奮。6月，被評為市民革優秀成員。7月17日，經民革市委會副主委呂公威等人介紹斡旋，與同在一個辦公室寫作《河南省民革志》的朱雲琦登記結婚。同年到武漢參加紀念惲代英誕辰九十週年學術討論會，會後又到江西廬山遊玩。	1月，六屆全國人大常委會第九次會議在北京舉行，決定每年9月10日為教師節。
1986年	70歲	1月，被評為開封市第二十一中學“優秀顧問”。加入“民革”後，深得當年老主委宋聿修高看，於是對民主黨派的看法逐漸有所改變。是年，為《開封統戰》期刊撰寫文章《一個統戰對象的自白》，以示思想認識。市民革全體黨員大會上，被公選為“市委委員”、“為四化服務工作委員會副主任”、“祖國統一工作委員	9月，中共中央辦公廳、國務院辦公廳轉發《關於發揮離退休專業技術人員作用的暫行條例》。11月，北京舉行紀念孫中山誕辰120週年的盛大活動。12月，全國成人教育工作會議在煙台市舉行。同月，南京、北京都有一些大學生上街遊行。

		會委員”等職務。**暑假期间到北京五姐处小住数日，游览了北京名胜**。9 月，被開封市評為“先進教育工作者”。同年，開封市黃埔同學自發成立河南省黃埔軍校同學開封市聯絡組，共推沈繼周為組長，王克傑為副組長，艾經武、李綱、張紹堯、徐晉莖、郝孚禮、張文超等為組員，辦公地點設中山業校，經費由業校和同學捐助支持。	
1987 年	71 歲	5 月，由成都黃埔軍校同學會十二期同學喬希曾、劉志昌、吳純信、曾長禮等組織並聯絡居住各地王辛、譚定遠、袁鍔、陳壽頤、劉健人、陳紹隆、彭秉彝、白太常諸同學收集整理出一本《黃埔軍校十二期學生總隊同學通訊錄(在大陸)》，共計 145 人。由是獲悉在大陸尚健在同學的通訊地址，旋即與其中一些較為熟悉同學取得聯繫，並乘去北京、上海、武漢、南京、杭州之便，先後與苗青圃、張永栻、鄧錫洸、王繩武、吳世武、譚定遠、婁良政、徐行、梁毓純、胡耀峰、李欽民、王伸和等同學會晤。王仲和、李欽民、苗青圃、程愓等專程來汴聚首，還與由台灣回大陸探親的李萬貴在鄭州聚會。是時，周士富回大陸探親時也帶回一本台灣本期十二期同	1 月，方勵之被撤銷中國科技大學副校長職務和開除黨籍，中國作家協會副主席劉賓雁也被開除黨籍。同月，胡耀邦辭去黨中央總書記職務，趙紫陽代理黨中央總書記。同月，中共中央發出《關於當前反對資產階級自由化若干問題的通知》。10 月，拉薩發生分裂主義分子發動的騷亂。同月，台灣國民黨中央常委會通過台灣居民赴大陸探親的方案，原則同意除台灣的現役軍人及現任公職人員外，凡在大陸有血親、姻親、三親等以內的親屬者，可登記赴大陸探親。

		學錄，紀錄尚健在者 145 人。兩岸是時尚健在者應為約 250 人。暑假旅遊了武漢、長沙、無錫、南京等地。12 月，開封市政協、統戰部召開各黨派經驗交流會，沈繼周以個人工作成績優異被發證表彰。	
1988 年	72 歲	2 月 28 日，同學俞紹彪撰寫《題沈繼周同學近照》詩一首: 誰主沉浮四十年， 是非功過任他言。 春秋易老雙鬢白， 子女成龍蔗境甜。 芳草萋萋擁足下， 鮮花朵朵簇君前。 風姿不減當年樣， 矚目晚霞染滿天。 9月，被開封市教委評為“優秀成人教育工作者”。	3 月，最高人民法院、最高人民檢察院發佈公告，宣布不再追訴去台人員在中華人民共和國成立前的犯罪行為。台灣國民黨召開中常會，通過“現階段大陸政策案”，准許大陸台胞直系親屬赴台奔喪。7 月，國務院公佈《關於鼓勵台灣同胞投資的決定》。9 月，台灣第一艘赴大陸探親台胞的客輪“昌瑞號”抵達上海。
1989 年	73 歲	6 月，四姐沈葆英(惲代英遺孀)在北京逝世，享年 85 歲。是年，郭寄嶠將軍九十華誕，沈繼周寄去一副松鶴圖祝壽，並講述了別後自己給從教的近況。郭將軍託其乾女兒從台灣帶來一副手書對聯回贈:“無情忘歲月，有味樂詩書”(見本書卷首照片)。	4 月 14 日，中國人口達到 11 億。同月 15 日，前中共中央總書記胡耀邦病逝。隨後北京和全國各地發生學潮，李鵬主持的政治局常務會議，認為這是“一場有計劃、有組織的反黨、反社會主義的鬥爭”，會議決定在中央成立制止動亂小組。5 月，學生動亂發展擴大，北京學生在天安門廣場絕食請願，趙紫陽代表中央政治局發表書面談話。5 月 20 日，李鵬簽署國務院關於在北京部分地區實行戒嚴的命令。6 月 3 日，戒嚴

			部隊進入天安門廣場，至次日凌晨 5 時半，完成“清場任務”（“天安門事件”、“六四事件”）。6 月，中共十三屆四中全會在北京舉行，會議決定撤銷趙紫陽黨內一切職務，由江澤民任中央委員會總書記。10 月，達賴喇嘛被授予 1989 年諾貝爾和平獎。11 月，台灣開放 1949 年以前到大陸定居的台籍同胞返鄉探親，並允許低階層公務人員赴大陸探親。12 月，開封黃河大橋建成通車。
1990 年	74 歲	12 月，被河南省民革評為“先進教育工作者”。年底，河南成立河南省黃埔軍校同學會，是為全國各省最後成立者，沈繼周被選為理事。然該組織無具體負責人任事，結果形同虛設。是年，朱雲琦膽結石開刀，此後肝病不斷發作。是年，《開封政協》第一期刊登《撲不滅的理想之火 ── 訪黃埔同學會開封負責人沈繼周》一文。	1 月，李鵬發表電視講話，宣布國務院命令，解除對北京部分地區的戒嚴。2 月，《中共中央關於堅持和完善中國共產黨領導的多黨合作和政治協商制度的意見》由新華社公佈。3 月，全國人大通過《香港特別行政區基本法》，同意鄧小平辭去中央軍委主席職務的請求。5 月 20 日，李登輝發表總統就職演說。5 月 29 日，郝柏村出任行政院長。6 月，全國統戰工作會議在北京舉行。12 月，中共中央在北京召開全國對台工作會議。
1991 年	75 歲	12 月，被開封市民革評為“先進工作者”。五姐沈葆俊辭世，享年 85 歲。	張學良夫婦 45 年來首次被允許離開台灣，赴美探親訪友。5 月 1 日，台灣終止“動員戡亂時期”。

			12月，國務院發佈《中國公民往來台灣地區管理辦法》。
1992年	76歲	9月18日，繼室朱雲琦因肝浮水不治去世。	3月，七屆全國人大五次會議在北京舉行，通過關於興建三峽工程的決議等。4月，"希望工程——百萬愛心行動計劃"開始實施。12月，"民革"第八次全國代表大會在北京舉行，通過八大決議，選舉李沛瑤為中央主席。
1993年	77歲	由於張紹堯、徐晉莖、郝孚禮、張文超等組員的相繼去世，沈繼周也辭去中山業校校長職務，開封市黃埔同學聯絡組失去辦公地點和經濟支持，難以為繼。	1月，北京西客站工程開工。4月，海峽兩岸關係協會會長汪道涵和台灣海峽交流基金會董事長辜鴻銘在新加坡舉行會談，簽署《汪辜會談共同決議》等。7月，國家教委宣布將實施高教"211工程"。8月，江澤民致電李登輝，祝賀他再次當選為國民黨主席。
1994年	78歲		1月，國務院台辦發言人發表談話，歡迎台灣官員以民間身份來大陸。4月，國務院台辦負責人就3月31日千島湖發生的"海瑞號"遊船火災事故致使24位來大陸旅遊的台胞和8名大陸同胞遇難一事發表談話，對遇難者表示哀悼。12月，首屆"全國十傑中小學中青年教師"頒獎大會在北京舉行。
1995年	79歲	10月，接獲台灣同期同學寄來一本《中央軍校十二期入	1月，江澤民發表關於台灣問題的重要講話，提出

		伍生團入伍六十週年紀念通訊錄》，紀錄了兩岸現健在同學 234 人的通訊地址。	八項主張(“江八點”)。9 月，紀念抗日戰爭、世界反法西斯戰爭勝利五十週年大會在北京舉行。12 月，台灣舉行立法院選舉。
1996 年	80 歲	1 月，為聯繫同窗同學之情，寫了六十餘份賀卡。凡寄台灣、美國同學賀卡，均附有打油詩一首： 六十春秋彈指間， 耄耋之年始獲息; 往事如煙倍懷念， 但祝福體壽而仙。 5 月 17 日至 5 月 28 日重遊武漢，“感慨良多”，特賦詩數首: 武漢會故友郭顯法、婁良政、譚定遠有感 故友均屆耄耋年， 雄心壯志已非前。 相敘往事浮與沈， 留得悲歡在人間。 而今老邁日如梭， 無大作為奈如何。 兒孫繞膝堪稱慰， 但願國運遠勝昨。 是年 12 月 30 日，《開封民革》和《汴梁晚報》刊登吳凱撰寫的報道《為祖國統一奔走的老人》，介紹沈繼周自費參加兩岸統一活動的情況。	1 月，全國農村工作會議在北京舉行，提出發展農村經濟的八個重大問題。2 月，李登輝在首次直接總統選舉中當選為中華民國總統。9 月，京(北京)九(九龍)鐵路全線正式開通運營。10 月，中共中央、國務院公佈《關於迅速解決農村貧困人口溫飽問題的決定》。
1997 年	81 歲	11 月 12 日~17 日，以河南會員代表身份赴北京參加黃埔軍校第二次會員代表大會。是年，《黃埔雜誌》第五期刊登《為了明天的太陽 —	2 月，鄧小平逝世。7 月 1 日，香港回歸中國，香港特別行政區成立。8 月，國民黨召開十五全大會，李登輝再次當選國民黨總

		記一批活躍在社會辦學百花園中的黃埔生》文章，其中“拾遺補闕服務社會”部分介紹了沈繼周的辦學概況。	裁。9 月，中共召開十五屆全國代表大會，江澤民宣布“鄧小平路線”的確立。
1998 年	82 歲	《開封民革》、《開封市政協》、《開封日報》等在此前後也都報道了沈繼周興辦中山業餘學校的事情。	5 月，中共中央召開對台工作會議，江澤民發表講話，強調“堅持一中原則”，“反對台獨陰謀”，“擴大兩岸經濟合作”，“兩岸直接三通”等。6 月，美國總統克林頓訪華。12 月，台灣舉行立法委員會選舉。
1999 年	83 歲		6 月，中共中央、國務院召開全國教育工作會議。7 月，民政部、公安部宣布禁止“法輪功”的違法活動。12 月 20 日，澳門回歸中國，澳門特別行政區成立。
2000 年	84 歲		1 月，國務院成立西部地區開發指導小組，確定西部大開發的戰略。3 月，台灣舉行總統選舉，陳水扁當選。4 月，李登輝辭去國民黨主席，連戰繼任。
2001 年	85 歲		5 月，外交部亞洲司對日本提出歷史教科書的修改意見。6 月，“上海經合組織”在上海成立。7 月，北京取得 2008 年奧運會舉辦權。10 月，日本首相小泉純一郎訪華。
2002 年	86 歲	6 月 12 日，第一次熱熱鬧鬧地過了生日，並邀請單位主管和親友們共慶。這年 9 月，《開封日報》刊登報道	1 月，美國總統布什訪華。5 月，沈陽發生日本總領事館事件。8 月，陳水扁在給台灣同鄉聯合會

		《愛在這裡延伸》，講述開封市第二十一中學助學活動的帶頭人之一沈繼周，從工資中捐款 500 元資助貧困學生。文中表述道:“沈老師一生熱愛教育事業，退休後熱心公益事業，不求索取。沈老師曾任一所業餘學校校長數年，沒要過一分錢的報酬;沈老師曾相繼輔導過家中兩名保姆學習，並資助她們先後走進大學課堂；……”。	(東京)的電話講話中提出“一邊一國”的主張。11 月，中共召開十六屆全國代表大會，在黨章中追加江澤民“三個代表”提法，“私營企業家”的入黨成為可能。十六屆一中全會上，胡錦濤當選中央委員會總書記。12 月，上海取得 2010 年世界博覽會舉辦權。
2003 年	87 歲		3 月，全國人大十一屆一中全會上，胡錦濤當選為國家主席。3 月，美國、英國為主的多國部隊入侵伊拉克，並推翻以薩達姆・侯賽因為首的伊拉克復興黨政權(“第二次波斯灣戰爭”，“伊拉克戰爭”)。1 月起，廣東發生多起“非典型肺炎(SARS)”病例，且有死亡病例，3 月，病毒由廣東傳入北京，由於醫院未採取嚴格措施並隱瞞疫情，造成大量感染。4 月,北京多所高校停課，6 月以後疫情漸趨平穩。10 月，中國發射第一艘載人航天飛船“神舟五號”升空。
2004 年	88 歲	1980 年以來擔任過的主要社會職務有:開封市第三、四屆特邀政協委員，開封市政協三胞〔“三胞”指港澳同胞、台灣同胞、海外僑胞——整理者注〕聯誼委員會委員，龍亭區第二、三屆特邀	8 月，2004 年夏季奧運會在雅典舉行。9 月，車臣分離主義分子在俄羅斯南部北奧賽梯共和國別斯蘭市一所中學製造劫持學生、教師和家長作為人質的恐怖事件“別斯蘭人質

		政協委員，三胞聯誼委員會委員，開封市統戰部海外聯誼會理事，開封市民革市委會委員，“為四化服務委員會”副主任，統戰委員會委員，教育支部主委，中山業餘學校校長，中山科技諮詢服務部顧問，河南省黃埔軍校同學會理事，開封市黃埔同學會負責人，“翰園碑林”顧問等。9 月 28 日(農曆八月十五日)病逝(病名:腦梗塞)。	危機”(也稱“別斯蘭人質事件”)。12 月，印度尼西亞蘇門答臘以北海底發生的地震引發“印度洋海嘯”(也稱“南亞海嘯”)，造成 22.6 萬人死亡。

有關直系親屬一覽表

【父母】

父親沈俊卿，字雲駒，有三房妻室：大房周氏（生育四女二男），二房麥氏（生育二女二男），三房卜氏（未生子女）。1925 年病故。

【兄弟姐妹】

大姐沈詠蘭（大房周氏所生），由家庭包辦婚姻嫁給銀行家周小舫，生長女周以維，次女周以持，長子周以奮。1940 年以後投靠長女生活，1949 年以後隨長子以奮在北京生活。

二姐沈葆秀（大房周氏所生），1915 年嫁給惲代英，1918 年 2 月 25 日因難產去世。

三姐沈振（大房周氏所生），就讀湖北省立第一女子中學。

家庭包辦婚姻嫁給英語教師胡志新（在武漢中學、商專等執教）。婚後在武昌省立實驗小學任教，1937 年因難產去世。

四姐沈葆英（大房周氏所生），1921 年考入武昌第一女子師範就讀。24 年秘密加入中國共產主義青年團，25 年轉為中共黨員，26 年至武昌省立第一師範學校任教，27 年 1 月與惲代英成婚。解放後工作單位：北京中共中央機要局。1989 年 6 月在北京逝世，享年 85 歲。

大哥沈光輝（大房周氏所生），由父母包辦婚姻，夫婦關係不佳。1924 年投奔廣州黃埔軍校在惲代英屬下任職。父親去世後成為一家之主，因積勞成疾僅月餘亦病故。

二哥沈光耀（大房周氏所生），在武昌中華大學附中參加《利群社》並成為主要成員，從此事起即追隨惲代英活動。又入南京東南大學學習。因戀愛問題抗命父親，曾投長江自盡（未果），後入武昌師範大學學習，一度患“精神病”。1927 年入中央軍事政治學校任秘書，寧漢分裂後，又隨惲代英輾轉到南昌參加“八・一南昌起義”。起義失敗後隨軍向南轉移途中病故。

五姐沈葆俊（二房麥氏所生），曾就讀與武昌第一女子中學，未畢業即嫁給小職員周梧青，前往河南開封居住。後離開家庭赴外縣小學任教，最後又返回省城開封，擔任教導主任等職。從教師退休後晚年隨其女周以炎在北京生活。1991 年去世，享年 85 歲。

六姐沈葆珍（二房麥氏所生），16，7 歲時由家庭許配煤店老闆徐志強為妻，生育過長女大毛（後過繼給五姐為女，改名周以熙，任廣州中山大學醫學院婦產科主任醫師），次女同生。1936（?）年徐志強去世後，全家遷往湖北新堤求生，1937 年受日軍搜查驚嚇而死，享年 30 歲。

三哥沈光樑（二房麥氏所生），曾赴湖北黃岡參加惲代英、林育南創辦的《浚新學校》學習，後入“利群毛巾廠”工讀，因參加地下印刷工作患骨炎惡化致死。

末弟沈光祖（繼周），（二房麥氏所生）。

【妻子兒女】

妻子：沈啟芝，滿族，大學肄業，任開封第四中學語文教員。

長女：沈致敏（玲玲），開封陽光廟小學教員，現已退休。

長子：沈致行（聰聰），開封市文工團話劇演員，現為“開封府”景區藝術總監。

次女：沈瑩（俐俐），開封電機廠行政科職員，現已退休。

三女：沈潔（明明），開封日報社記者，現為日本女子大學教授，社會學博士。

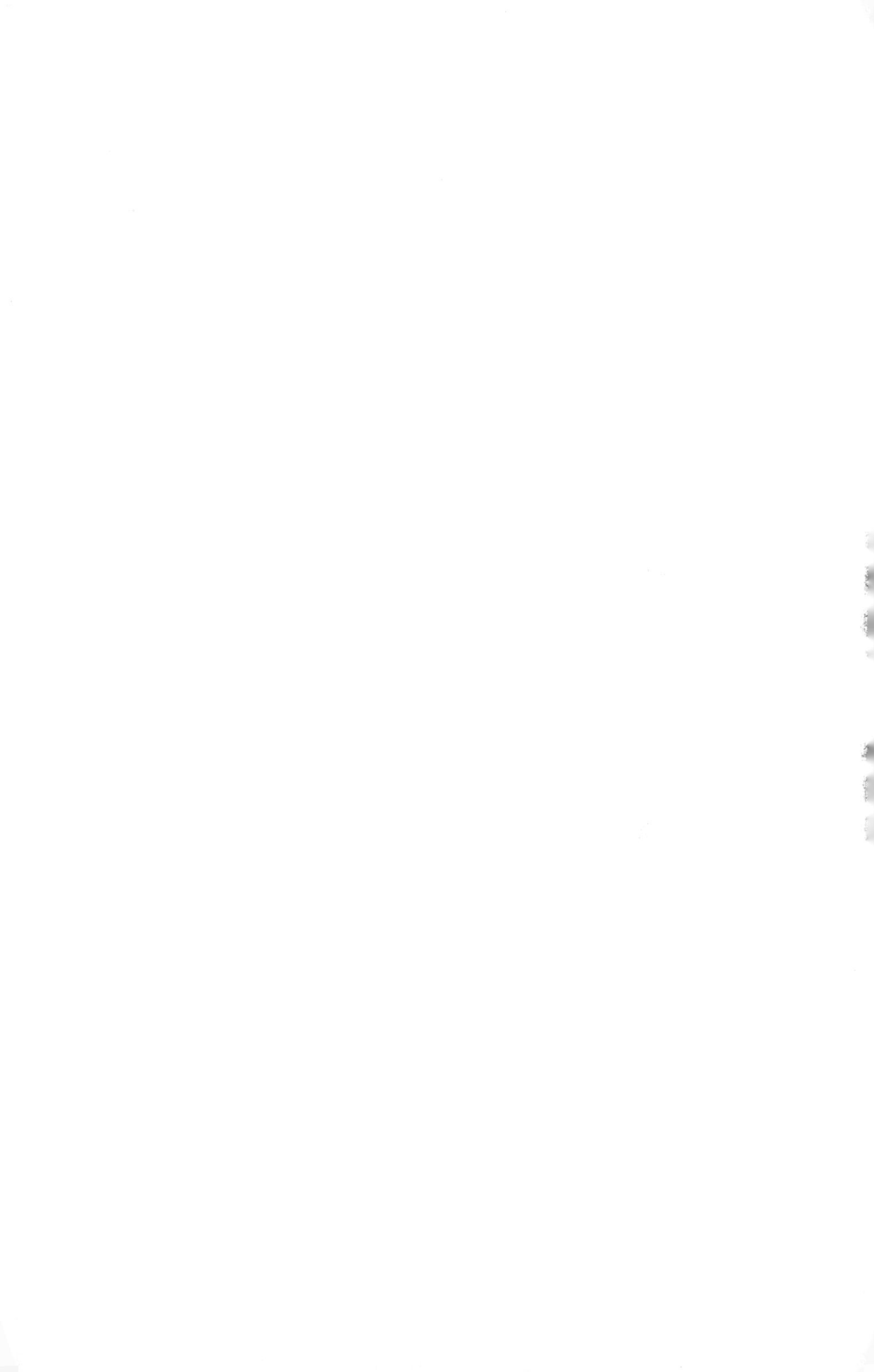